金正恩與他的核子武器

一觸即發的世界危機

托馬斯・萊夏（Thomas Reichart）——著
傅熙理——譯

Der Wahnsinn und die Bombe：
Wie Nordkorea und die Großmächte
unsere Sicherheit verspielen

台灣版序

本書德文版發行沒幾個月後，我前往燠熱潮溼的新加坡，觀察一個事件。不久前幾乎沒有人相信此事竟有可能如此發展。新加坡聖淘沙島上一家殖民時代的旅館裡，美國總統唐納．川普與北韓掌權者金正恩握手。他們身後，美國與北韓國旗和睦並列。史上首度有美國總統與北韓掌權者直接碰面會談。

眞是不可置信的一刻！相信有很多人都跟我一樣有疑問，這跟短短數月前，還互相叫罵並威脅消滅對方的兩位先生，眞的是同樣的兩個人嗎？發生了什麼事？難道我們之前所警告的，這場衝突將帶來迫切危機，全都錯了嗎？我們忽略了什麼基本關鍵嗎，如今才會獲得糾正？美國總統川普在高峰會之後預告，北韓的核武恫嚇很快就會結束，又是正確的嗎？

高峰會之後，一時的興奮之情很快便又煙消雲散了。因爲川普的預告，最多不過是他的願望和吹噓罷了。協商進行拖泥帶水，還伴隨著恫嚇和指責。在高峰會的輝煌表象之下，衝突持續沸騰，甚至還可能更加升級。對世界而言，目前衝突好似不如以往顯眼，但金正恩和美國總統不再威脅消滅對方，並不會讓事件變得較不危險。

目前爲止，我們透過協商贏得了什麼？那個夏日，金正恩和川普在新加坡簽下的那份宣言，只有僅僅兩頁長。內容包含了許多陳腔濫調，極少具體之事。不論是誰，只要查查看一九九〇年代中期與二〇〇〇年中期，以往美國和北韓到底有哪些已達成共識的協商內容，就會從目前的事件中清醒過來。我們可以從中看出，曾經的進展如何，到頭來卻又以失敗告終。目前去核這條道路還有多長，一直還是模糊的，不知兩方是否眞的對去核化有著相同的共識。

與北韓最新協商裡頭的細節，此時令人玩味地回想起政權的老把戲，先開口頭支票，好拖延其他棘手之事。如同兩位前人，金正恩看似要靠核子協商贏得更多時間，好達到其他的經濟目的。他是否已準備好，如華府所要求般完全放棄核武，自始至終仍是一團謎。當然，北韓的確做了一些讓步。金正恩暫停了核武與飛彈測試，並承諾銷毀西海測試地區的飛彈設施。金正恩命令人炸掉豐溪里和試驗場的一些地下隧道。然而這些隧道究竟是否還堪用，依舊令人存疑。有清楚的證據指出，在二〇一七年九月，最後一次核試驗時，這些隧道就已經遭到了巨大的破壞，橫豎是不能夠再使用了。

而更關鍵的是，那些在高峰會的雄辯話術之外，沒有任何事情改變。北韓繼續製造核彈頭。就算平壤在七十國慶的大型軍事遊行上，並未展示任何長程或洲際飛彈，寧邊原子能研究中心的研究與製造仍一如既往地持續進行著。

反之，北韓卻在這緩和階段中卻獲利許多。對平壤實施制裁的諸國家，其陣線瓦解。中國與俄國迫不及待，希望恢復貿易限制之前的狀態。邊界地帶顯然不再有危機高峰期般嚴格的控管。對北韓而言，經濟情況好轉，金正恩大開空頭支票，換來的是白花花的現金。

事實上，這場轟動一時的高峰會與相互親近，並未改變衝突的根本性與危機。正好相反：北韓高層太永浩在首爾與我會面時，告訴我許多關於金正恩在未來與美國協商的秘密策略，這件事證實了，他的說法是精確命中的預言。金正恩的魅力攻勢，不應該蒙蔽掉他統治的方式以及他對金氏王朝教條有多服從：兩韓應在平壤的領導下統一。他的核彈軍火庫依舊存在，正是統一的關鍵手段。

這場衝突，逾數十年來受到低估，並少有關注，北韓也因此成爲了嚴重的威脅。我們不該重蹈覆轍，僅僅因爲川普與金正恩不再互相謾罵，而以和平的字眼提出保證，並不代表世界變得更加安全。

恰好相反：儘管美國和北韓檯面上緩和了下來，但檯面下的衝突甚至還更加劇了。美國與中國在東亞角力龍頭寶座，我們不僅能從北韓的例子上觀察到，還可以在中國南海與台灣問題上看到。這場衝突甚至可能變得比平壤核武問題更加嚴重。因此，去更了解北韓衝突的背景，正是刻不容緩的時候。

本書揭開完美策劃的帷幕，披露北韓危機爲何自始至終都如此危險，金正恩與川普操縱駕馭著哪些密謀與企圖，強盛的中國在這場衝突中扮演著什麼樣的角色，以及局勢該如何顯現，才可能是眞正且不造假的緩和。

目次

前言

北韓獨裁者金正恩進行洲際導彈與核彈測試。美國總統唐納・川普於二〇一七年夏季聯合國發言中威脅，若平壤不放棄核子鬥爭，那麼美國將「徹底摧毀」北韓，當時金正恩亦說，他將「用火馴服」川普。衝突升級勢如破竹，看來距離世界陷入核子災難之深淵，已不遠矣。原本我們於冷戰結束之際，就應該擺脫了這套恐怖劇本，然而現況的不寧，使得北韓成爲目前世界一觸即發的危機爐。我們現今已置身於新冷戰當中，接下來幾年國際秩序與各大霸權之間的關係，特別是美中關係，都將影響這場冷戰。

因此，我們對這場衝突所知之少，政治、媒體、輿論對它的低估與忽視，也更值得爭議。北韓之於我們是個遙遠的國度，在瘋狂獨裁者的統治之下，人民顯然僅能踏正步前行。我們在德國，雖然曾經聽說過一些可怕的新聞：饑荒、手足相殘、殘暴的監獄集中營、核武萬能的幻想等，但這些事聽來總感覺有些荒謬，不像這個世界會發生的事，而最終我們很容易就相信，北韓不會波及到我們。

如今，金正恩的導彈剛克服了洲際界線，能夠抵達紐約、法蘭克福和柏林，令人隱約感到，之前的想法也許錯得危險，而當初我們早就該提出幾個迫在眉睫的問題：若如專家擔憂，這個國家最晚可在一兩年內，做好將核彈頭裝上洲際導彈發射的準備，那麼到時將會發生什麼事情呢？北韓的核武計畫，會威脅到身處德國與歐洲的我們嗎？為什麼目前為止，依然沒有人能夠阻止金正恩？為了緩和局勢，我們現在還有什麼能做的嗎？

我還可以栩栩如生地想起，當初我站在平壤的金日成廣場觀看軍事閱兵，腳下地面突然開始震動，那時我全身顫慄的感覺。那是二〇一五年的秋天，上萬人歡呼聲中，許多沉甸甸的卡車載著北韓飛彈開入廣場，卡車轟隆隆地駛過我身邊，距離我三公尺不到。正是這個時刻，我才恍然大悟，北韓這個國家在作秀、導彈根本是假的等諸多想法，都是不正確的。當然我並非導彈專家，當時對於火星十二彈道飛彈的射程還一無所知，更不清楚北韓的洲際導彈已經建設到什麼程度。但導彈卡車載具在金日成廣場上引發的震動，突然間帶給我一股不好的預感，感受到導彈於不久將來的毀滅潛力。

德國內部始終多少還有一些專家懷疑，北韓眞的代表著如此強大的威脅嗎？根據其中一項論點，這個國家十分貧困落後，根本就沒有投資如此昂貴的導彈與核子計畫的資金。整個短程甚至洲際導彈軍火庫的開發、試射與維護，也實在超過北韓技術上的負荷。

對這套恫嚇劇本抱有疑慮是合情合理的，尤其劇本還是出自華盛頓美國總統唐納・川普與其內閣。很多人仍記憶猶新，喬治・布希是如何在二〇〇一年九月十一日的恐怖攻擊後，找人提供所謂的證據，來證明伊拉克應該有核武開發計畫，而撒達姆・海珊只差一步便將擁有核子武器。這正是當時美國發動災難性戰爭的基本依據。

我和同事尤爾克・布拉瑟、約翰尼斯・哈諾，當時正為德國第二電視台雜誌報導「迎向二十一」節目，追查這條傳說中證據的蛛絲馬跡。尤其針對其中一項指控：伊拉克試圖在非洲的尼日爾購買所謂的黃餅，利用氣體離心法的複雜程序，可以從黃餅中提煉出武器用鈾。我們前往尼日爾，是最早開始採訪中心證人的電視節目。二〇〇三年一個陰雨連綿的秋日，還拜會了當時正在拜訪德國的尼日爾總統。在他柏林旅館的套房裡，我拿出一份主要證據給他看，這是一份大概可以證明鈾交易的證據，上面還帶有據說是他的簽名。但簽名不是總統的，而其他幾份據說能夠證明伊拉克核武計畫的證據，後來也眞相大白，證實是粗糙的僞造文件。

華盛頓的許多情報單位和外交部專家早就清楚這件事，但圍繞在總統布希身旁的好戰份子一點也不在乎。事實上，不論是戰爭開始之前的聯合國武器稽查員，或侵略以後的美國搜索隊，都沒有能證明伊拉克即將開發核子彈的證據。雖然撒達姆．海珊是殘暴無度的獨裁者，但他的國土並未發展出核子威脅。

然而北韓的情況卻是有憑有據的，這個國家即將掌控全世界最危險的武器，完全不可同日而語。北韓核武測試造成的震動，世界各地都測量得到；他們的導彈彈道計算得極精準。國際原子能組織的稽查人員與其他核子專家，無時無刻都能親眼觀察北韓在寧邊的核子設施。因此我們不能逃避、不能不嚴肅看待北韓和其獨裁者金正恩。金政權是這數十年以來，世界和平的最大威脅。

北韓是個封閉的國度，也越來越少對觀察家開放。我和團隊在最近三年曾經三度進入北韓。我可以談話與採訪，深入洞察權力結構與這個國家的內部生活。而衝突卻不只可於北韓觀察到，在我曾去過的東亞其他地方也都可見：在第一次與平壤官階最高的脫北者見面的首爾一間旅館套房裡、在看管嚴格的南北韓交界上、在美國位於日本沖繩島上的軍事據點、海軍準備所謂的斬首之處、在中朝邊界——平壤命脈、北韓對外最大宗貿易進行之處等。

在這條新冷戰的前線上，我們可以清楚見到，爲何北韓最終會成爲全球衝突。世界上沒有其他任何一個地區，在如此狹小的空間中，擁有這麼多危險的武器，還有這麼多霸權競爭對手同時對峙。對各大霸權而言，衝突的導火線當然是北韓的核武能力，但同樣也關係到他們在這個世界重要的經濟空間裡的領導地位。

就目前情況看來，緊張局勢似乎不可能再升級了。唐納．川普和金正恩之間的唇槍舌戰，是否即將帶來實際的戰爭？我們目前來到一個還不能斷下結論的關頭。但極有可能，考驗還在後頭，也就是說，等到金正恩支配了核子洲際導彈，他便可藉此壓榨美國、甚至歐洲。

本書期許能夠傳達出大家迫切需要的解釋：關於北韓、其獨裁者、加上他究竟想做什麼？關於他的武器以及爲爭取地區影響力而與各大霸權的角力。衝突在哪裡展開，其中誰又扮演了什麼樣的角色，以及若金正恩準備好協商，我們需要瞭解什麼，本書都將具體一一道出。

同時，我們必須清楚一點，危害我們安全的，不止是由北韓一國所引起。一九九〇年代初期和二〇〇〇年初，就有過兩次所謂的北韓危機，但兩次都不如這次般地迫切與危險——這要拜唐納．川普之賜。川普與衝突交手的方式，既挑釁又充滿威脅，他還放棄所有形式的對話機會，讓危機惡化到前所未有的程度。中國表現得倒像個值得信賴的和事佬，敲著緩和情勢與和平解決的邊鼓。但事實上，北京政府在這數十年的時間中，不斷幫助北韓擴充軍備。中國掌權者容許金正日政權迴避制裁，並能夠從國外獲得核武與導彈計畫迫切需求的資源與外匯。因此，核子大戰成爲貨眞價實的危機，中美兩大霸權都必須負上責任。

《金正恩與他的核子武器》奠基於朝鮮衝突前線多年的旅行與明查暗訪，來自數十次的採訪與對話，對象是脫北者、政治家、外交官、軍官、前情報單位人員、科學家以及人生受到這場衝突刻劃與操縱的老百姓。此外，我還引用了許多對北韓和亞洲地區所做的情治報告、統計與研究。爲了閱讀上更佳順暢，我放棄詳加註解，但將本書引以爲據的北韓專家之出版品列表於附錄。

Chapter 1

權力中心

南韓首都首爾繁忙的車流，巨型影音廣告牆上花俏的廣告，霓虹燈火通明、連綿不絕的商店與食堂，東大門置於其中，宛如流逝時光裡遺忘在海邊的舊物。每晚城門那兩層的雕梁與向外挑出的山形牆照耀得通亮，這時我們才大概可以想像，東大門是昔日那座城牆高聳、保衛著韓國朝鮮王朝首都的東門。這個王朝，囊括了整個朝鮮半島，直至二十世紀初為止，歷經了五百年的風霜。

從旅館房間望向城門與首爾的燈火，今晚我有些緊張。在這數百萬人口的大都會某處，暗藏著一個男人，幾個月前他逃離了金正恩，而我明天要跟他見面，秘會訪談。這幾天以來，我一再和他的維安人員通電話，南韓國家情報院的人。為的是討論哪裡可以舉辦訪談，又是否方便保鏢做事前檢查，這些問題對太永浩來說，再日常不過了。他是北韓官階最高的脫北者。

太永浩屬於北韓權力結構最核心的部分。他的家族位於這個國家的菁英階層。在他以外交副使身分前往倫敦之前，領導著外交部歐洲司。太永浩屬於那類才智過人、能言善辯的頂尖幹部，是獨裁者金正恩所仰賴的人物。拜訪北韓時，三不五時總會碰上他。

太永浩的維安人員並非為了追憶大朝鮮王朝時期的歷史風華，才選上這家靠近東大門的旅館，而是因為旅館有地下停車場，可以悄聲無息地把太永浩載入停車場，再加上電梯可以直接將人送進十樓的套房。隔天早上，離訪問還有半個鐘頭，兩個虎背熊腰的貼身保鑣便敲響了旅館房門。爲了確保沒有其他人躲在這裡，他們查看窗簾和房門後面，不漏掉任何一個櫃子，連床底也不放過，好似期待每個角落都暗藏著惡意的驚喜。

另外四人伴隨太永浩進入房間，感覺上他有些緊繃。太永浩是個矮小的男人，頂著一頭旁分的黑髮，眼鏡後頭的眼神充滿警戒與懷疑。兩個兒子和妻子都和他一樣逃難成功，但對此他僅願用隻字片語描述。「對所有協助幫忙的人而言，都太危險了。」他說。就連他自己、北韓外交的第二把交椅，在倫敦也幾乎無法自由活動，也得不間斷地在另一位同事陪伴下行動，這麼一來，兩人可以彼此控制與監視對方。「不過有些時候，我至少可以獨處幾分鐘到半個小時。」太永浩說，例如醫院探病或購物時。利用這些時機，他與協助者訂下逃亡計畫，這些他不願說出名字的人，最後將他與家人帶到離北韓邊界剛好只有五十公里的首爾。幾個月以來，太永浩躲藏此處，成爲居住於首爾與周邊衛星市共兩千五百萬韓國人其中的一人。若不是如此逼近金正恩王朝所在地，其實是個再好不過的藏身處。

這次是太永浩首度給予德語媒體的採訪。我們在他的外套翻領處扣上小型麥克風，拉上窗簾，好讓聚光燈把他照亮。採訪時我們經常這麼做，但直到今日爲止，我還不曾覺得，這個做法下誕生的場景原來這麼奇特。房間中央成爲一座亮白的光島，太永浩坐在中心，因爲一開始過於刺眼而瞇起雙眼。周圍無邊的黑暗包圍著他，身旁保鑣看似如同剪影，套房宛若再也沒有牆壁。彷彿我們此刻可能身處任何一處，甚至也許是坐在太永浩於平壤外交部的舊辦公室，或北韓駐倫敦的大使館中，又或坐在任何一個金正恩計畫威脅與挑釁的地方。他的政策，看似瘋狂大筆一揮而成，但實際上這些政策並非如此產生，而是冰冷無情地計畫而成。太永浩可以道出其中內幕。

太永浩開始說：「金正恩掌權後，不只我充滿期待，大部分領導階層也是。由於他長期在瑞士讀書，我們想，他正是那位可以改革與現代化北韓社會的人。」但不久後他便看清楚了，太永浩說，金正恩不支持改變，而是要承襲父親與祖父的政策，將北韓變成核武強權。而且他接下來的目標更為荒謬，還要在極短的時間內研發出洲際導彈。我有時會想，金正恩有沒有可能同時追求兩個目標：核彈與改革。他曾再三向北韓人民保證，要改善他們的生活環境。而他所謂的並進政策中，同時規劃著國家經濟建設與核子軍備。但在政策落實上，他尤重第二項，很少見到經濟或甚至社會現代化的部分。事實上，一個連牙齒都上了武裝的國家，卻要同時開放經濟與社會，我怎麼都想不到有哪些前例。很顯然，核彈與社會現代化是魚與熊掌不可兼得。「我對金正恩的決定很失望，於是決定盡我所能，來保衛我的國家遠離核子災難。」回顧起來，這是他做出重大決定的第一步，但是與金正恩及其政權對抗，則需要更多——更多的勇氣與更多的失望。金正恩決定，將這個貧窮落後的國家的資源，優先投入大規模毀滅性武器的計畫上，單單此點，也許還不足以令太永浩大膽公開決裂。應該還有什麼其他事發生，一些侵害到他個人領域的事情。

北韓的政治宣傳總是傳達出一股意象，好似這個國家僅憑靠著「最高領導」金正恩的掌舵。若他在平壤開設了新街道或科學研究中心，或軍事演習在大砲發射指揮所檢閱時，看起來一切總像是由他一人規劃、建造，並親自發射砲火。不過當然並非如此。如此極權的獨裁體制如北韓、簡直有如宗教崇拜的金氏王朝，當然亦仰賴著一群高官、外交使節、軍人與科學家大軍。這群人組成的權力中心，正是國家的驅動引擎，它保持國家運作、下決定、洞察計畫與策略，其他更重要的還有，它知道國家的問題與困難是什麼。也因此我在採訪的前一晚是如此坐立難安。和太永浩的會面之於我，是難得一見的大好機會，來窺視引擎內部，瞥入這個總是嚴防得滴水不漏的世界。

太永浩是官階最高、但不是唯一一個逃出北韓的脫北者。目前爲止已有許多脫北者，他們大多數都住在首爾，在這裡，他們可以說母語，距離家鄉的邊界又近。根據南韓統計，過去幾年脫北者的人數直線上升。這有可能是個徵兆，平壤的權力中心已變得不安定，各菁英暗度陳倉，想要拋棄金正恩。南韓情報局會詳細詢問大多數的脫北者，希望能夠掌握北韓的最新狀態。太永浩的說辭我們無法一一查證，唯一能做的是比較其他脫北者口中得知的證言、或與研究與數據，並從中得知，他是個道地又可靠的證人。藉著太永浩的幫助，我們得以接近北韓做出重大決定的前廳後殿，得以一探政權寧願隱瞞之事的究竟。

北韓菁英是體制的既得利益者，對他們而言，家庭歸屬和絕對忠誠代表了一切。許多人歸屬的家庭，和金正恩的祖父建國者金日成，於二戰後一同從俄國返回朝鮮。他們是革命幹部的一份子，於權力鬥爭中勝出，並在一九四八年九月建立了朝鮮民主主義人民共和國。太永浩亦不例外。他的妻子和二戰中（站在金日成一方）對日作戰的游擊隊長官吳仲洽是親戚。吳仲洽帶領的軍團，代表的是無條件奉獻金氏王朝的北韓政治宣傳楷模。好幾個世代以來，吳家的影響力在北韓也因此特別大。

「我在北韓的生活單純，和一般人相比，我的身分享有極大的特權。」然而，身為高階的外交官，他還擁有接觸外界資訊的機會。他親眼見到，自己的國家現實的狀況如何。「在這樣的體制下，是難以誠實的。就算知道一切，還是得裝作自己忠誠不二。」太永浩說，「不然就會遭處死刑。」他這話說得一點也不氣憤，好似這件事理所當然，對北韓的每個人都顯而易見，就像閃電後接著會打雷，不忠後便會遭處決。而且不僅自己本身，「你的孩子、妻子、家族親戚，全部都得受罰。」他說。所以決定反抗政權，是如此之難。賭上的不只是自己的性命，還有其他許多人的性命。

太永浩逃亡的決定，一定是他在倫敦當外交副使時成熟的。他講得一口動人的英語，除了輕微的韓國口音外，還帶有牛津或劍橋的優雅語調。可以感覺到，他很熟悉這個語言，以及語言熟練後才得以潛入的生活感。他曾在聖高隆草地網球俱樂部裡打球，那裡離大使館很近。大使館座落在西倫敦市郊的一間經典英式磚造房中。每到傍晚他回到家後，兩個還是青少年的兒子便向他講述英國學校裡的生活。他們有疑問，非常多的疑問。爲什麼北韓不像英國一樣有網路？爲什麼這裡有自由，那裡沒有？爲什麼北韓的人民未經公平程序就遭到處決？「我必須向他們解釋，爲什麼我們的體制如此不同。」太永浩說。

太永浩一定很兩難，因爲他不想對兩個兒子說謊。他在大使館曾經負責監視其他同事是否對黨路線思想忠心。他必須將聯合國報告或西方媒體報導在北韓的刑求、強迫勞役、處決、囚禁營等事宜解釋爲誣告。他必須褒揚金正恩獨裁的優點，爲國家的核子軍備辯護。但至少對兩個兒子，他想要說實話，不想欺騙他們。當他實話實說，兩個兒子則又產生出了更多疑問：若他清楚北韓的不公不義，那麼他又如何能夠持續效忠體制，如何再過雙重生活？接著更沒完沒了。直到太永浩再也啞口無言，只剩下一句：「都是爲了生存！」他聲音沙啞幾近嘶喊，說出這句話，宛如此刻並非和我一起坐在遮暗的旅館房間裡，而是再度和他的兩個兒子坐在倫敦的使館公寓中。太永浩繼續說：「如果我停止過這種雙重生活，政府一定會將我召回首都，所以我沒有這麼做。」

此外他也很清楚，他的雙重生活就是兩個兒子的未來，而終有一天也會成爲他們的人生。「我不想連兒子都必須生活在這種奴隸制度中，我覺得，必須在我這代終結，我必須掙斷鎖鍊。」但對他而言，情況不只這麼簡單。他不只有共同生活在倫敦的兩個兒子和妻子，他在平壤還有一個姊姊和一個哥哥。這是很常見的情況，若北韓人獲准離開國家，總有一部分的家庭成員留下來，如掌權者的囊中物，耿耿於懷的威脅，必須維持忠誠，否則其他人就得爲他償罪。若他決定拋棄雙重生活，對他在北韓的兄姊代表了什麼意義？他在大使館或外交部的同事會嚐到什麼後果？這個諜影重重的國家知道菁英有多重要，有他們的存在，政權才能運作，因此更要嚴加控管。就連最輕微的懷疑，誰可能要偏離黨路線，也必須周全報告。如果不這麼做，若眞有人叛逃了，那麼所有和他一起共事的人，都免不了嫌疑。他們是否視而不見，是否爲幫凶？太永浩知道，他的同事和員工都必須對這些指控作自我辯護。若情況相反，他也得這麼做，政權會要求他這麼做。

最後他仍做出這項決定。「我決定，沒有什麼比兩個兒子的自由更重要了。」太永浩語氣客觀且冷漠。這時我有點驚訝，幾乎感覺有些不對勁。後來才知道，他會這麼說，是一種防禦的表現。對平壤親戚的愧疚與對兒子的責任之間的矛盾，依舊在他心裡沸騰。據說其他一些來自北韓的菁英，也有類似的良心不安。沒想到太永浩這個最具影響力的外交官、出身顯赫家族的男人，竟會倒戈與平壤作對，對於政權來說，必定是相當大的打擊。少數幾個菁英也決定像他一樣投誠，大部分則繼續過著雙重生活。此中有兩個相當明顯的理由：首先，威脅到他們特權的喪失；第二，金正恩的恐怖統治。根據美國蘭德基金會研究，北韓在政治宣傳中傳達給菁英以下訊息：若拋棄或與政權決裂並投誠南韓，將會帶來災難性的後果，特別是喪失權力、影響力、財富與特權，並伴隨著個人安全與責任追究的危險。

北韓菁英享有的特權，與普通市民過的生活，尤其是住在光輝閃耀的櫥窗城平壤外的居民相比，是令人瞠目結舌的對比。北韓有個滑雪勝地，是才剛依金正恩指示而建好的，其中配備著奧地利進口的嶄新纜椅。北韓甚至還有幾個度假海灘，平壤還有個人稱「平哈頓」的城區，因爲那裡的商店擺設著來自西方的奢侈品。每當我在北京機場第二航廈，要入關登機前往平壤時，對於北韓乘客都帶了些什麼，我總是非常訝異。這些人通常一律是菁英成員，因爲只允許他們去旅行。櫃檯前行李推車大排長龍，推車上大紙箱堆得人高。上面的字樣著名了裡頭是平板電視、電腦、吸塵器或電鍋。我還在免稅商店的袋子裡見到白蘭地、威士忌和各式紅酒。顯然部分特殊的特權人士，甚至還有使用網路的管道。最近在美國安全顧問公司「記錄未來」的研究中，得出一項結論，有極窄的階層在北韓使用谷歌電子信箱、維護臉書帳號、上亞馬遜網站或中國淘寶網網購平台購物。此外，記錄未來公司還定位出二〇一七年四月至六月間，從北韓上網的網路位置。包含基輔的歐洲歌唱大賽現場轉播，也曾由北韓的某個網際協定地址存取過。是金正恩本人聽了來自葡萄牙的冠軍薩爾瓦多．索布拉爾的演唱嗎？那首「Amar pelos dois」（雙份的愛）曾透過某人而迴響在平壤王宮裡嗎？或是哪位高階將軍或外交官，抵抗不了感人的流行歌曲與來自西方的愛戀傷痛？

另一方面，金正恩向菁英隨從保證的，還有純粹的恐懼。太永浩談到北韓的恐怖統治。上百名高級官員遭受處決，就連安全與監視機構以及高階將領也逃不出極刑，其中還包括參謀總長與國防部長。太永浩說：「在他身邊沒有人是安全的，因爲金正恩懷疑每個人都將對他造成威脅，衆人對體制和社會都非常不滿，但出於恐懼，大家都繼續裝忠誠。」

太永浩和其他許多的脫北者都很清楚：這些菁英不信賴政權，也不相信政權的生存能力。許多人認爲金正恩是很糟糕的掌權者，他們相信，金氏王朝再沒有幾個世代能統治北韓了。太永浩說：「很明顯，菁英和金正恩之間沒有團結感。」

然而大多數人卻參與了這個國家的核武競賽、核子恫嚇與研究開發致命武器，並於世界各地採辦計畫所需的物資，再走私到北韓。他們是獨裁者的自願幫凶，做好讓獨裁者計畫得以實行的先行準備。太永浩和其他脫北者都提到，金正恩認爲，終究會拋棄軍隊的常規部隊。太永浩說：「某種層面而言，軍隊始終非常強大，但金正恩很難將這麼龐大的軍力維持下去。」北韓擁有的部隊超過一百萬人。他們原始的任務是攻克南韓並完成韓國統一，但是他們面對美國現代化的戰力與南韓部隊時居於劣勢。然而由於金正恩擁有統率軍隊的權力，加上他想要喚醒大家依舊可以打贏美國和南韓的意識，於是他心急如焚，爭取開發出洲際導彈和核子武器，越快越好。他想要藉此塡補那支龐大但已過時的部隊的缺點，太永浩是這麼說的。也許一開始聽起來會有些奇怪，但這麼一來甚至可以幫助他，最後省下不少成本：畢竟比起北韓目前所養的龐大軍隊，核導彈軍火庫所需的物資更少。

「金正恩正試圖與美國新的行政部門與世界組織達成妥協。」太永浩說。想必此時我看著他的眼神一定是不可置信，因爲這和幾個月以來，所有北韓放出的新聞所說的正好相反：金正恩不願對話，前線情況惡化，話鋒越來越帶威脅之意。但太永浩認爲，我們不該受騙。

金正恩曾分發某種類似路線圖的圖表給頂級外交官，內容是核武開發，目標是成爲世界公認的核武強權。爲了盡可能有效率且不受干擾地推動核武計畫，他曾仔細觀察過其他國家的權力形勢並進行分析。

太永浩相信，這個世界對金正恩的理解有誤。大家受導彈測試、猖狂的威脅與謾罵所蒙蔽，而不能認清金正恩眞正追尋的計畫是什麼。

太永浩說，在平壤的權力中心裡，大家都知道，北韓將於二〇一七至一八年啓動成爲核武強權的最後階段。北韓的菁英和金正恩認爲，美國在唐納・川普帶領下的新行政部門，起初還需要一段時間，才能發展出清楚且關鍵的政策來對付北韓。平壤衆人還相信，二〇一七年五月南韓才剛上任的文在寅政府，要先找到自己的定位並與美國發展出共同路線，結果也不出所料。「川普行政團隊遲遲無法和北韓對話，因爲他們尚未發展出和北韓周旋的政策。南韓情況也相同。」太永浩以北韓頂尖外交官的角度說明，二〇一七年在最重要的兩個對手那裡，出現了某種形式的權力眞空狀態。他們雖然在口頭與外交上強硬回應導彈測試，但後續的威脅極小。「期間金正恩暫且可以繼續他的狂人政策，開發核武與洲際導彈。」而大家相信，北韓暫時還禁得住聯合國的制裁。只要美國提供對話機會，金正恩就會盡可能帶著強硬、威脅的協商姿態進入會議廳。「當然，之後會談到取消制裁以及北韓人民需要的經濟救助。」

太永浩想要喝一口水，而我也需要稍作休息。他陳述的事情，讓許多北韓放出的消息顯得別有用意。我們早已習慣把金正恩視爲肥胖的瘋子，當作川普輕蔑稱之的「小火箭人」。只是這麼一來，我們便大大低估了金正恩。他不是瘋子，他只在演戲，爲了盡可能完成更多的目的。這項認知並不會讓人放心，相反地，如此冷酷算計、清楚研究對手缺點與破綻的人，我們更要認眞對待，或至少要同樣地研究清楚。「我們必須承認，目前爲止他的狂人政策運作得非常成功。」太永浩說。他現在是位完全的外交官，懂得如何看穿對手的詭計。他也能夠告訴我們，瘋狂不過是表面，檯面下暗藏的是冰冷的權力算計。

「金正恩提供我們這些外交官非常清楚、秘密的路線。」太永浩邊說，原本靠著椅背的身子邊向前傾。首先，只有全世界認識到這個國家的核武恫嚇潛力後，北韓外交官才能夠開始進行這方面的協商。其次，談話內容只能討論裁減軍備，絕不允許討論放棄或取消核武。炸彈之於金正恩，猶如賭場裡的籌碼，每回談判都要用上。

太永浩曾經驗並深思熟慮過，這個國家在那些時間點，利用挑釁可以前進得多遠。也知道什麼時候該暫時讓步或退個一小步，好讓情勢平靜一點。金正恩的狂人戰術是策略的一部分。太永浩說，策略是，最後關頭務必嘗試一切，展現出最危險與威脅的一面，才能在談判中贏得更多。金正恩想要北韓擁有和美、俄、中、英、法等國一樣的核武強權地位。爲此他也許甚至還會同意延期，亦即簽下不繼續測試核彈或洲際導彈的協定。「金正恩將反向操作來解除制裁。」太永浩說。

許多專家認爲，有個辦法聽起來似乎行得通，某種型態的風險權衡——世界放過金正恩已持有的武器，但阻嚇他不能使用，靠著核彈還擊來威脅他。這是冷戰時期的腳本，曾經在美國與蘇聯之間生效，即使曾經幾度情勢岌岌可危，但至少不曾爆發過核子大戰。但問題是，這條上個世紀介於兩個超級強權之間的策略，是否適用在與北韓的交手？也許最終除了新恐怖平衡外，不會出現其他的選項。但對太永浩這個認識並瞭解金正恩的人來說，他很難接受這個想法。「如果我們同意妥協，那麼也就代表，我們接受金正恩持有核武與導彈。」

那我們該怎麼對付金正恩才好？我問。我們如何才能讓他放棄核武軍備，打消核打擊的恫嚇念頭？太永浩說，「我不相信我們能在協商中讓金正恩同意銷毀武器。唯一一個讓北韓武器從世界上消失的方法，就是打敗金正恩與其政權。」他停頓了一下，眼鏡後頭是清澈堅定的眼神，「我們萬萬不可落入金正恩的圈套，讓他持有武器。」

太永浩不是好戰者，他更希望由內部揭竿起義，例如眾菁英對金正恩過度不滿，從他身邊離開，就如同他所做的一樣。他還將希望寄託在中國，「中國擁有解決核彈危機的鑰匙，但至今未使用過。」什麼鑰匙？我問。太永浩說：「人。朝鮮人民。」太永浩話鋒一轉，談起了德國，從他的角度看到的德國統一，是如何地令韓國人神往，他們盼望自己的國家可以從中學到一課。一九八九年夏天，匈牙利敞開大門之際，東德便開始走向滅亡。人民逃亡，而政府與整個國家機構開始萎縮。太永浩正是這麼設想中國與北韓的關係。「若人民逃跑，那麼共產體系很容易就會崩壞。」

中國人知道這點，並在邊界建立了一套精心規劃的控管系統來將人民遣返。他們阻止北韓人逃離自己的國家。「但是，若有朝一日中國敞開大門，那麼北韓政權便會崩塌。」太永浩堅信。

太永浩說話時，我想像他正置身一群其他北韓外交官之中，也許正在外交部對談，談論各大強權的關係、關於國家的興起與衰退。這些頂尖官員見多識廣，能說多國語言，但通常都不是政治狂熱者。我想起我在北韓的監視者，外交部的一位年輕官員，他告訴我他姓王，但誰知道是不是眞的。王先生說得一口完美的東岸美語，就像太永浩怡然自得地說起牛津英語般，他好似也套上了量身定做的粗花呢西裝，美語聽起來帶有東岸菁英大學哈佛或耶魯的韻味，也很容易就可以想像出來，他手中拿著咖啡和貝果趕著參加國際政治研討會的樣子。我曾問過他，是不是待過美國，他微微訝異地看著我，搖了搖頭，好似我應該知道，他還太過年輕，是拿不到海外職位的。但另一方面，怎麼會有人說話和腔調這麼道地，就像耽湎於美國的生活感中，而卻從未去過此地？

那天我們動身啓程，我在平壤羊角島飯店正要爲住房結帳時，他站在櫃台前我的身旁，看著我的信用卡。王先生問，他是否可以看一下？我有點錯愕，心想，難道自我們抵達北韓以來，受到的監視還不夠嗎？現在王先生還要記下我的信用卡號碼？他難道不早就該這麼做了嗎？但是這個問題，聽起來不像是那些監視者慣有的禮貌性指示語調，確保一切依照計畫進行而提出的問題。這個問題聽起來更像是個人的，不知怎麼有些按耐不住的。我將卡片交給他，看到他把卡片拿在手中翻轉把玩的樣子，我恍然大悟，爲什麼他這麼好奇。這張卡片之於他，就像是通往世界的任意門，好似世界向他這個能言善辯、才智過人的人，在遠方開啓，眼下的他不再是生活在北韓。不過現今他待在北韓，唯一認識世界的機會，就是作爲金正恩的外交官繼續升遷，當一個不計較手段持續執行金正恩計畫、他的「狂人戰略」的人。實際上，也確實這麼發展開來了：前陣子我在電視上看到王先生。想必在很短的時間內，他在北韓外交部的前途便已扶搖直上。這點我完全不意外。

也許我們該問問像太永浩或王先生之類的人應對北韓的方法，才可以解決這場危險衝突，或至少能夠緩和局勢。但是妖魔化金正恩王朝，或如美國總統川普罵他瘋子，並不會帶來任何幫助。我們必須嘗試和一些人建立信賴關係，那些應該執行金正恩計畫，但也許心底早就背離金正恩，或至少對他有所批評的人。我們必須要讓他們關心到，核武這張王牌對他們本身也是攸關生死。我們必須向他們保證會有妥協與對話的機會，即便政權垮台，生活還會繼續下去。

當然，北韓各菁英之間的差異也極大。外交部的人和外界有較多接觸，看似對世界也較爲開放、不針鋒相對。軍事與安全部門的人通常比較不願妥協、敵視國外，他們傾向維持緊繃形勢與強硬姿態。

關於金正恩這個人的事，並非太永浩胡謅亂道。「他的確是個危險人物」，他說話時強調著每個音節，像要賦予這個說法特殊的堅定性似的。這句話從太永浩口中說出，本來就帶有兩個意思，這個男人除了威脅到世界外，還威脅到他自己，威脅到他躲藏在首爾的性命。採訪時站在我們身旁的貼身保鑣的剪影，代表著南韓情報局亦把這個危險當眞。

當然他和家人待在南韓的自由世界裡，令他感覺輕鬆多了。「但是，很難說我們是否眞的快樂。」太永浩說完沉默了一會。「生活在此地，每天都很幸福，但內心也感到遺憾。我總惦記著還在北韓的長兄姊、親戚和同事，他們會不會受政權懲罰。」太永浩前額冒出汗珠。不久前，他還在有線電視新聞網上見到長兄長姐。北韓將他們作爲範例示衆，至少至今爲止，家族還未因爲太永浩的逃亡而受懲罰。大家看到他們兩人表情僵硬，坐在沙發上。兩人批評自己的弟弟，聽起來好像很嚴厲，但不知如何，又好像是念著他人寫出來的劇本。「他們利用我的長兄姊爲政治宣傳。但我非常高興能再見到他們一面，聽他們說話。我很想再多見到他們幾次。」太永浩說。

南韓與北韓有數百萬家庭被迫分開。大部分對於另一邊的親戚過得如何都一無所知。「我相信，我應該要感到很慶幸，還能在電視上見到兄姊一面。這讓我卸下了重擔。」儘管如此，還是可以察覺到他隱約擔心著，政權總有一天還是會下手，而他的兄姊必須付出代價。

太永浩如此爲自己與自己的決定辯護：他用他的逃亡換來一項任務，他想要警告這個世界，金正恩與核子災難的危險。對這位北韓獨裁者而言，核武是一種抵抗外來攻擊的生存保險，同時也是對付國內起義的武器。沒有人敢對付一個有能力以核子災難來恫嚇他人的國家。

金正恩眞的敢按下紅色按鈕發射核彈嗎？我問太永浩。「是。」他回答，毫不猶豫。「對他而言，核彈按鈕不是他會反覆思考的事情。若他的生命、他的王朝陷入危險，他會按下按鈕。」就算南韓、日本或美國的反擊，不免也代表了金正恩的末日與北韓嚴重的破壞，他也會照做。看來在金正恩身上，獨裁者的邏輯是，他一個人下台不夠，還要拖著其他所有人和他一起墜入深淵。「若我們持續無視這場危機，那麼可能會發生無法想像的災難。」

太永浩的保鑣又再次催促，該動身啓程了，但他還有話想說。他想再談一下德國。太永浩說，德國是如何戰勝分裂的，令他印象十分深刻，帶給他信心，就算金正恩追緝他，有朝一日，他的國家還是會成功戰勝分裂，統一且自由地生活。他還說，也許韓國會比當時的德國更容易完成統一。我有點困惑，因爲南北韓之間的仇恨令我很難想像，有什麼比統一還要遙遠與艱難。和德國不同，朝鮮戰爭中，南北兩方曾互相攻擊過對方，兩方都背負著戰爭罪行與創傷的可怕歷史，又怎麼能比德國容易呢？

然而太永浩是道地的外交官，他看世界的角度是以強權的影響勢力與國家的強弱為出發點。「德國為了統一，必須要取得其他國家的同意，特別是要說服蘇聯、法國與英國。」德國的統一之所以可行，是因為二戰的戰勝國、當時還一直擁有管理德國主權的各強權，他們的同意。而北韓與南韓畢竟各自是獨立的，當然，超級強權如中國或美國多少會操弄他們的影響力，但是他們左右韓國命運的權力，和德國的情況比起來，少了很多。

太永浩熟悉的德國，是他還是北韓駐東柏林外交官時候的德國。他認識的默倫街大使館，位於今日柏林城中區。他還記得，當時他對這個社會主義國家竟能有如此高的生活水平，印象非常深刻。如今南北韓的差距，當然比當時東西德大上許多。南韓目前已經成為世界上最大的經濟體之一，而北韓在世界富有國家評比表中墊底。但太永浩反而覺得這是好處。他在這點上，也是全然考慮著權力關係。他期待，金政權垮台後，很可能不會出現要情況立即改善的過高期待，也不會有太多反對依照南韓模式與想法統一的叛亂。

一個結實的握手，好似要加強這個願望的力道，之後，他又將再度隱姓埋名，隱身在首爾這個百萬人口的大都會裡。房門在他身後關上，我想像他現在是如何在保鑣的簇擁下，搭乘電梯下至車庫，倏然鑽入車裡，再度踏上潛逃之途。在我們相聚的這幾個鐘頭裡，金正恩彷彿也站在黑暗中太永浩的隨扈身後，如影隨形。他究竟是什麼樣的獨裁者，竟用核武威脅全世界，苛薄地追殺每個和他作對的人呢？

Chapter 2

誰是金正恩？他想要什麼？

金正恩一向是個撲朔迷離的人物，就連他的出生年份也始終沒有個定論，到底是一九八二、八三還是八四年出生？他是統治北韓的權力無限的「最高領導人」，當地人人將他塑造成神一般的形象。二〇一一年底父親金正日死後，他接掌大權，西方情報單位必須承認，當時對他幾乎一無所知。原因在於，金正恩是三兄弟中最年輕的，長久以來大家都未把他當作繼承家業的候選人。

我第一次見到金正恩是二〇一五年秋天，正值朝鮮勞動黨七十歲生日的一場軍事遊行上。他站在離我三十公尺遠的觀禮台上，觀賞他手下軍人的行軍隊伍。他是一個胖乎乎、不怎麼高的男人，頂著一頭兩側剃短、前額黑髮留長並向內捲起的髮型。他經常低著頭，眼神看似在放空。若有人向他歡呼，他便向前踏一步，左手撐著欄杆，對那些人揮手。那天金正恩要在久違的三年後發表第一次公開演說。印象中，對此他並非特別興致盎然。

軍事遊行上，他以一身標準的扣子扣得老高的西裝現身，就和祖父金日成與父親金正日的昔日穿著一樣。他的胸膛上釘著一枚紅胸針，胸針上有兩位前人的肖像。從他站上講台的樣子以及擴音器裡傳出的沙啞古怪的聲音，我大概知道了，爲什麼金正恩剛開始受人如此低估。他的談話和手勢顯得非常呆板，幾乎不曾抬起頭，僅照著稿子唸。儘管如此，這次的演說仍是他政權一次重要且關鍵的表述。演說中他提出政治仰賴的思想方針，以及外交政策跟進的目標。演講一開始，金正恩就談及金氏王朝的思想支柱，並向祖父金日成與其「主體思想」致敬，該思想為國家帶來政治主權、經濟自給自足以及軍事自主等。金正恩表示，這項政策將北韓建設成社會主義的堡壘。緊接著他向父親金正日和其「先軍思想」（軍事優先）一鞠躬，感謝該思想，朝鮮人民軍才能轉型為菁英革命軍，有能力將任何侵略者一擊殲滅。

儘管數千名軍人剛從他面前金日成廣場行軍走過，但接下來他的演講中幾乎不再提及軍隊，而是聚焦在人民與勞動黨身上。這當然也不奇怪，畢竟這天慶祝的是朝鮮勞動黨的七十大壽——然而以往從未有人關心黨週年紀念，這次也是另有理由：金正恩在此拉開政治權力轉變之序幕，喚起了大眾視聽。他創立的三點策略：軍事、人民與國家的青年，此後將成為國家最重要的棟樑。金正恩藉此表示，他的領導並未放棄父親的「先軍策略」，而是倚賴更多的樑柱。立基於這三根樑柱，他看起來更像個權力無限的獨裁者。

到此為止，他已經說了十分鐘的話。他的聲音越來越沉著、也越來越宏亮。他表揚黨，並向人民保證照顧他們的利益。看到金正恩眨眼間表現得像個自信的領導人，眞令人驚訝！彷彿他是唯一一個有能力保衛國家不受外來威脅的人選。

演講中提到，北韓歷史上，他們必須一再挺身反抗美帝國主義者，為了自我防衛，國家必須勒緊褲帶，但即便遭到制裁封鎖，國內還是發展出了經濟，因此保障人民團結與追隨黨也更顯重要。這應該也是爲北韓社會持續徹底軍事化所做的辯護。金正恩接著以極大的嗓音說，北韓已做好進行任何形式戰爭的準備，美帝國主義者所希望的戰爭。這正是指以核彈恫嚇。這個時間點，金正恩已安排過兩次核彈測試，緊接在幾週後，又會再測試一次。

金正恩以再一次號召統一，並以危脅美國爲演講作結，之後他走近欄杆，舉起雙手向歡呼的群衆揮手。當時他笑得燦爛，像個知道自己是手握天大權力的人。

然而，獨裁者獲得越多的權力，他就會越害怕，害怕權力再度被人奪走。金正恩當然不會直截了當地說出他的擔憂，但自此刻起，大家可以在許多事上解讀出，他很可能是坐立難安的。例如二〇一七年二月十三日就是這樣一個日子。

那天早上快九點，一個四十多歲的男人踏入吉隆坡機場第二航廈，在指示版上尋找亞洲航空前往澳門的一八二號班機。此時兩個女人接近他的身後。突然一個女子抹了些什麼在他臉上，另一個女子則在上頭用塊布按上。兩人溜走前還給四個身穿灰色西裝的男人打了暗號：豎起大拇指。監視器記錄下，其中一個女子和其中一個男子，之前曾一起坐在機場的咖啡店裡。遭到兩個女人攻擊的男人，感覺有點錯亂，他向機場安全人員求助。從錄影資料中可以看到，他如何作勢模仿兩女對他做的事。接著他們帶他到機場的急救站，這也被監視器拍了下來。男人持有姓名爲金哲的外交護照，但實際上這不是他的眞名。

還在急救站時，他就出現了血液循環障礙，忍受著極大的痛苦。他相信，他遭人下毒了。人員將他送到醫院，送醫途中他便失去意識。遭到攻擊的二十分鐘以後，金正男——金正恩的異母兄弟，死亡。

接下來幾天，馬來西亞警方逮捕了兩個女子，印尼籍的茜蒂艾莎和越南籍的段氏香。兩人向警方供稱，她們以爲自己在參加類似「你懂幽默嗎」的電視節目。艾莎說，爲此她拿到了九十美元。馬來西亞的警察首長對兩女的說法半個字也不相信。段氏香在攻擊後急著去廁所，「她非常清楚布上有毒，她必須洗手。」

警察的調查顯示，兩女的確不是獨自犯案。馬來西亞警方逮捕一個馬來人和一個北韓人。另外四個攻擊後直接由吉隆坡飛走的北韓人，將遭到通緝。調查員查出，共有八個北韓人涉及這起暗殺事件。

馬國當局數日後揭露，金正男中了液態ＶＸ毒劑，這是一種強烈的神經毒，開發用來化學作戰，只要幾滴就足以取走一條性命。根據美國非政府組織「核威脅倡議」的估計，北韓持有兩千五百至五千噸的化學作戰物質，ＶＸ也包含在內。北韓駁斥他們參與這次的謀殺，其他嫌疑人也否認參與。然而所有調查都清楚指出，這場謀殺是由金正恩主導的委託。

只是，爲什麼金正恩要謀殺自己的異母兄長呢？他想要藉此達成什麼目的？這個問題指向金正恩統治與金氏王朝的核心本質，涉及到權力的繼承與鞏固。

金正男在許多方面都與他的異母弟弟相反。他驚艷於南韓的經濟成就，喜愛南韓電視劇與所謂的「韓流」。他公開主張開放國家經濟，並拒絕王朝的繼承、金家統治的傳承。若他成爲他們父親的繼承人，那麼很多事應該會變得十分不同。同時，金正男還可能成爲這個區域霸權（中國或美國）對付金正恩的另類人選。他是霸權願意與他私下握手協定，於北韓進行權力轉換或政變的人選。雖然金正男本人不斷表示，自己一點也沒有統治北韓的雄心壯志，但這應該沒有安撫到他的異母弟弟。事實可能正是因爲金正男在北韓代表著恰好相反的政治投影，才令金正恩將矛頭指向他，下達殺人指令。

金正男比金正恩大十歲，是金正日和第二任妻子成蕙琳所生的大兒子。金正恩是第三個、也是最小的兒子，他的母親高英姬出生於日本，是金正日的第三任妻子。金正恩還有一個哥哥叫做金正哲，父親卻明顯從未將他視爲可能的接班人選，因爲他覺得他太過懦弱。不論如何，金正日的前主廚藤本健二是這麼說的。

金正恩和金正男素未謀面。他們的父親刻意讓兩個家庭疏遠，大概是要避免衝突。手足相殘在韓國史上是個一再重複上演的題材。早在朝鮮王朝時代，掌權者就曾殺害親兄弟來取得並鞏固大權。

兩個異母兄弟過著非常相似的少年時代。金正恩在極度嚴密的保護下成長。一九九〇年代時，他顯然匿名生活在瑞士，於伯恩的一所學校上學，也在那學會了德文。現今他當時的同班同學說，覺得他是個安靜友善的少年。他們以為，他也是來自駐瑞士首都的許多外交官家庭之一。事實上，年輕的金正恩沒有父母在身旁，他隻身一人待在伯恩，由北韓外交官照料。他熱愛籃球，是芝加哥公牛隊的球迷，特別喜歡麥可．喬登。他喜歡穿耐吉球鞋，最喜歡的歌曲是德國流行樂團「摩登語錄」的「路易兄弟」，也因此，想必他當時並非走在流行的尖端。其中引人玩味的是，今日我們聽到金正恩許多反美的措辭，當時的他卻是美國或西歐流行文化的愛好者。

金正男也在瑞士上過學，不過是在日內瓦。他在西方世界非常如魚得水，以至於回到北韓後和父親起了衝突。他們的關係在二〇〇一年破裂，當時他試圖拿假護照，偷偷摸摸前往東京旅行。他在當地入境時被識破，金正男說，他只是想去迪士尼樂園玩。

他的父親大發雷霆，將金正男的繼承權取消。此後他多半待在中國與澳門經濟特別區，消磨時間。他是家族裡的黑羊，但卻始終是歸屬於統治王朝的一份子。

金正男曾經給過日本記者五味洋治深入瞭解金氏王朝的難得機會。和父親鬧翻後不久，他在北京機場結識了這位記者。五味洋治當時是一家日本報紙的中國特派記者，不知如何，兩人成了朋友。他們交換電子信箱，見面一聊就是好幾個鐘頭。五味洋治領帶打得井井有條，帶著細框眼鏡的嚴謹樣子，比起記者，反而更像個政府官員。也許正是他嚴肅認眞的模樣，讓金正男信賴。從兩人私下的對話中，誕生了一本金正男傳記，裡頭大方公開地談論北韓政權。

二〇一七年秋天，我在東京與五味洋治會面，此時離金正男遭到謀殺後已經過了九個月。自謀殺以來，五味洋治原本已不再接受採訪，但他爲我們開了個特例。我們很快就察覺到，那件事後，他的心情十分沉重。他的記者同僚未曾讀過他的書，就指責他，說因爲出版了這本書，所以他也應該爲金正男遭謀殺共同承擔起責任。日本警方建議他，爲了自身安全，最好別太靠近月台邊，不要一個人穿越馬路，尤其夜晚更要謹愼，駕車時更要特別小心。知道了蓄意謀殺看起來經常像是意外後，五味洋治變得更加不安。

他將金正男描述成擁有自由精神的友善人物，強烈批評北韓政權及其王朝原則。五味洋治說：「人民的生活條件應要提升，這點他特別惦記在心。他相信，北韓經濟亟需開放才能有所發展。對我們來說，這聽起來很正常，但身爲金家的一員，說這話則需要鼓起勇氣。」

洋治說，金正男覺得，若事態如此持續下去，那麼北韓終將走向毀滅。也因此，金正男匿名前往北京與澳門，因爲他對中國的經濟感興趣。他們載他在上海四處逛，到北京、到傳說中的中國經濟起飛源頭深圳，也許是因爲相信金正男有朝一日仍會成爲北韓的掌權者，並開放封閉的王朝。因此他在澳門時，大概也受到中國人的保護。

澳門可算是亞洲的拉斯維加斯。近年來這個城市遠遠拉開與美國賭徒天堂的距離，成爲博弈大都會的龍頭。我在二〇一七年秋天前往澳門，想追尋金正男的足跡，以及北韓的秘密交易。我抵達時，正巧煙火劃過各大賭場酒店上方，同時還有五彩繽紛的嘉年華遊行，迎接我的到來。燈火通明風華閃耀的澳門——這裡是金正男的世界。昂貴的五星酒店，在裡頭的商店，花五千歐元可以幫你把iPhone鍍金，或花五萬歐元換個鑲鑽的保護殼。高級餐廳、女伴服務、巨大的賭場大廳，裡頭輪盤、百家樂、撲克，令中國富人日日一擲千金。我們在這裡打轉的同時，聽到一個中國人正給北京家裡的親朋好友打電話：「我剛輸了六萬塊（換算約八千歐元），你給我再存個十萬（約一萬三千歐元）到卡片裡唄？」他說這話的語氣，好似飲料剛喝完便再點杯新的般自然。

金正男在澳門過的是花天酒地的生活，還在賭場裡輸了一大筆錢，五味洋治說，「他和朋友大吃大喝，特別是和南韓的朋友，出手請客很大方。」宛如北韓的花花公子在澳門，但實際上他在那裡的生活，就跟孩提時代起，從父親那裡學來，在平壤所習慣的生活方式一樣。就算人民挨餓，金氏領導家族依舊樣樣不缺。唯一不同的是：北韓的放蕩生活是隱藏在王宮城牆後頭進行的。

金正男最愛的餐廳卻是家簡單的韓國小店，就在前方引道鎮坐著一頭大金獅、氣派的美高梅酒店附近。餐廳歸一個南韓人所有，裡頭的服務生和廚子則來自菲律賓。我向他們出示金正男的照片時，這些人說，是呀，他們還記得他，記得很清楚。其中一位向我指出他最喜歡的座位——狹窄的樓梯上去一樓，經過眾多來客的相片。老闆將金正男的相片取下了，他們說，後來有太多人問了。右上角窗戶旁有六把矮凳和一張帶著凹槽放煤炭用的桌子，上面可以烤韓式培根肉。菲律賓籍的服務生端上醃菜和泡菜，將肉放在上面，他們學過怎麼做才能和韓國本土一樣。但是他們更有效率，爲了讓肉快熟，除了爐內生火外，另外還使用了本生燈。我想像著，金正男第一次見到這裡時該有多驚訝，他的視線是如何在黑白相片上遊走，那些相片掛在牆上，展露出緊接在韓戰後一九五〇年代的韓國風光。金正男的鄉愁一定很強烈，才會一再回到這個地方。金正男結了婚，有兩個小孩：一男一女。他在澳門住的房子位在富人區，可眺望珠江三角洲匯流處和中國。這些房子的窗戶寬敞，門面則遭海風催老。我在室外泳池前打聽金正男的事情，泳池救生員轉身背對我，不回應。他們不想洩漏鄰里街坊的秘密，不准談論名人及其放蕩的生活。

金正男是商人。他在澳門與馬來西亞投資許多公司。根據五味洋治的說法，他在澳門，有時至少會幫助父親規避國際制裁。澳門很久以前就是北韓秘密交易的大本營。例如，某棟大樓裡，箱型冷氣流下淚水般鏽漬的地方，曾經是朝光進出口公司的所在地。根據美國情報單位的認知，這家公司在一九九〇年代早期，爲了北韓的商業，流通買賣假美元和武器，好取得國家核子與飛彈計畫所需的外匯。公司駐點底層的大理石牆面上，我們還發現了公司招牌的痕跡。接著管理員便過來把我們趕走。

直到一九九〇年代末期，澳門還是葡萄牙的殖民地，是個長期受人漠視的地方。沒人對這裡流通的生意抱有太大的興趣。早在一九七〇年代，葡萄牙人就想要將澳門讓給中國人。這裡的一些銀行，例如匯業銀行，早就做好協助客戶規避經濟制裁的準備。金正男在這個地下世界是個重要人物。五味洋治說，金正男的朋友有時會委託他，在澳門管理他們的北韓帳戶。這是一項他提供給父親的服務，也許還附帶抱有一線希望，有朝一日可以再與父親和好如初。這亦顯示出，當時金正男還不是獵物，不是人人得而誅之的對象。只是這支王朝的新芽，帶著崇高理念與自由思想由日內瓦歸鄉，卻沉淪在澳門的賭廳裡。金正男因此也賭掉了北韓經濟與政治開放的機會。

這段時間金正恩在平壤。自從從瑞士返鄉後，他還不曾離開過北韓。二〇〇九年，父親金正日將北韓情報局的指揮棒交接給他；二〇一〇年，任命他爲將軍並進入黨中央委員會；此外，他還是軍事委員會的副委員長。這麼一來，北韓不論老少都明白了，他大概就是繼承人。最晚出生的將成爲老大。王朝的延續有譜了，第三代姓金的，將繼續統治下去。

金正恩本身的想法和他的異母兄弟不同，他強烈認同王朝原則，將延續金氏王朝視爲優先，其他任何事物都比不上它。據說他和妻子李雪主生下了三個孩子，但是大家對他們比對金正恩本身所知的更少。金正恩特別模仿祖父金日成的服裝與習慣。二〇一一年底，金正日去世，出於禮數，首先將金正恩提名爲國家領導人。二〇一一年十二月二十九日，在金日成廣場的一場正式儀式上，他受封爲黨與軍事的最高領導人。很快地，他就開始透過公開宣傳炒作，成爲受人愛戴、神樣的領導人。在國家葬禮的相片上，金正恩緩步跟隨載運著父親遺體的黑色禮車。最早出生的金正男，依儒家傳統原本應該率隊的人，卻不見蹤影。

金正男在得知父親死亡的那一刻起，就陷入了恐慌。五味洋治說：「那幾天我試圖聯繫他。兩天前我們還交換過郵件，但自從他父親的死訊公開後，郵件來往就全然中止了。」他曾經嘗試過打電話給他，但聯絡不上人。金正男想必非常震驚。只要父親還在位的一天，他就感到安全。他知道，儘管對北韓有所批評，但只要他是金正日的兒子，就不會出事。但如今，他素未謀面的異母弟弟掌權，他有預感，一切都將改變。他不想再公開對北韓發言，還請求五味洋治，傳記的出版先緩一緩。金正男的擔憂很快就成眞了。首先，北韓停止提供他資金，金正男逐漸陷入難關，最後他不再上豪華酒店，因爲付不出五位數的帳單。

金正恩甫爲北韓領導人，起初很多人（因爲他偶爾失控的演出）相信，他還太年輕沒有經驗。一些北韓專家還曾表示，如今實質的權力掌握在國家控管武器的地方：軍隊。實際上，現今北韓的軍隊已喪失許多權力。執政後沒幾年，金正恩就一個接著一個處決高階將軍與士官。處決浪潮還打到金正恩的姑丈張成澤的身上，他是國防委員會副委員長，被視爲北韓實質的強人。即使南韓報紙大幅報導，顯然也無法阻止金正恩將他姑丈的黨人、親戚甚至兒女都一併處決。和在朝鮮戰爭後將競爭的延安黨人趕盡殺絕的祖父金日成如出一轍，金正恩對付可能或他主觀認定的對手也毫無顧忌。據南韓情報局所知，金正恩在二〇一一年上台後不久，就對異母兄長下了暗殺令。

危急之中，金正男甚至寫過一封信給弟弟，求他大發慈悲：「我們無處可逃。我們沒有藏身之處。我們十分清楚，唯一一條逃走的路是自殺。」至少南韓情報人員在南韓議員面前是這麼報告的。五味洋治說，在他父親死後，起初金正男非常小心翼翼，但時間一久，就鬆懈了下來，「他天生就是個不拘小節的人。」就算知道弟弟兇狠，就算瞭解他爲了維持權力會使用謀殺策略，也還是不能拯救金正男。

金正男盼望交流之際，金正恩顯然只信賴少數幾人，例如妹妹金與正，他將她提拔爲宣傳鼓動部第一副部長，負責打理他的出場與對外形象，也是北韓最高人物之一。

金正恩同樣也很重視奢侈的生活方式。就如同他的異母兄長，他出生後的那幾年，也是在封閉的北韓皇宮裡度過，這段生活至今仍明顯烙印在他的身上。他擁有多艘大遊艇、一架私人噴射機、多台堅固的德國汽車。脫北者與訪客紛紛描述他酒池肉林的生活，此外，金正恩還擁有一隊所謂的歡愉團，由年青貌美的女子組成，在自己人身邊分享，還提供來服務客人。富比世雜誌估計，他的財產應該超過五十億美元，這使金正恩成為世上富豪成員之一。這些錢大概放在海外超過一百個帳戶，其中很可觀的一部分是在中國。同時，金氏家族在北韓還擁有許多皇宮。其中最重要的是平壤東北方十二公里處的龍城官邸，宮殿地底下有個指揮中心與核防空洞，擁有隧道系統並與其他皇宮以及私人機場跑道相連。金正恩已做好萬全準備：準備好逃亡甚至對應核子戰爭。

二〇一六年五月，我差點見到金正恩。他當時已鞏固了大權，有多穩固？朝鮮勞動黨第七十屆黨大會中可見一斑。他們甚至還特意邀請西方記者到平壤來。那天陰雨綿綿，國旗萎靡地垂掛著，北韓交通警察穿上透明的雨衣。一大早我們就被帶到議會大樓，裡頭應該已經聚集了超過三千名代表。我問其中一個監視者，什麼時候我們才能進去呢？他訝異地看著我：「你們不行進去。但是可以在外面攝影。」顯然北韓對這場大型活動還沒準備萬全，他們已經三十六年沒舉辦過類似的黨大會了。金正日從未敢召集全黨。因此，大概他們還不敢放受邀而來的媒體通行。

幾週以來，北韓處於緊急狀態，還進行一項七十天運動，全國上下得持續為美化平壤與國家做努力。黨大會之後，甚至再有一項兩百天運動。金正恩呈現在人民眼前的，正是這般不間斷的緊急狀態、不間斷的外來威脅。他們將全國置於壓力爐中，因爲這樣可爲金氏政權帶來穩定，讓人民從嚴重的政治與經濟赤字中分心。北韓的電視頻道，一天到晚播送的都是些風景影片，卻完全不轉播維持國家運轉的黨大會。直到晚上，這個頻道才因爲要播放一個特別節目而中斷。

大家在螢幕上看到，金正恩身著細條紋西裝走向演講台。幾乎要感覺，這次才是他眞正的上台。他宣布一項新五年計畫，並強調建設社會經濟。若有人始終抱著希望，認爲金正恩會以他的國外經驗而主張經濟開放，那麼此人此時必定要大失所望。演講中他隻字未提關於自由企業制，或與中國、越南類似的發展，反倒是保證將北韓建設爲核武強權。經濟現代化與核子武裝的兩個目標，他以主觀的意識形態，捆綁成一項他以「並進」稱之、假託成勞動黨爲實行兩個目標所制定的策略。金正恩保證北韓會是個負責任的核武強權，而他的核武器只會用在一個狀況上，就是當激進的敵對強權威脅到國家的主權之時。同時他還宣布，北韓會盡義務不擴張核武，並會爲全球去核化盡一份心力。在金正恩至今已進行過的所有測試，以及他在非洲與中東的流氓國家非法販賣武器後，這聽來並不特別值得信賴。

直到今日，仍感受不太到他對人民所保證的富裕生活。對金正恩而言，演講中尤以核子恫嚇爲重點。他顯然十分擔心，金氏王朝會與利比亞的穆安瑪爾．格達費或伊拉克的薩達姆．海珊走向相同的命運。格達費當時已準備好放棄核子計畫，而薩達姆．海珊甚至還沒開始計畫呢。沒有核武，兩個統治者只能毫無防備地拱手讓與美國。從黨大會中可看出，金正恩認爲，在對抗內憂外患的生存戰中，核武是迫切需要的。核武是他和政權的某種生存保險。

我猜想，金正恩曾仔細分析過，若北韓陷入如上述兩位前輩所經歷的核子危機，會落到怎樣的下場。以他所見，就算正處於下風，最後礙於國際壓力，勢必得放棄，也要將核子計畫貫徹到底。因此，如他對太永浩之輩的外交官說過的，要等到地位最強大的時候才能開始協商。他希望，最終他的成就能夠超越父親。

協商的可能目標爲何，早在黨代表大會的演說中他也曾經提及：兩韓統一。除了試圖讓自己與王朝獲得生存保障外，他的炸彈夢最後可能還夢得更大。金正恩原本的目標，大概是要在手中持有最大的敲詐底牌，這張底牌可以讓他獲得祖父一直想要但得不到的：美國從朝鮮半島撤退，並以北韓開出的條件來統一南韓。這次他身穿細條紋西裝的亮相，標誌出他執政階段的最後一步。

這次的黨大會，也可以視爲金正恩激進政策的序曲。他決定走強硬路線，用激烈手段來對付外在敵人。黨大會後不久，飛彈與核子測試也開始了別具攻擊性的階段。他會來勢洶洶地將認定的潛在敵人剷除，不留後路。

金正男必定越來越絕望。他似乎很擔憂會遭到毒攻擊。馬來西亞警方在他背的背包裡找到許多小玻璃瓶，裡頭裝著阿托品，是神經毒VX的中和劑。爲何他當時不服下阿托品，成爲了最大的謎題。

二〇一七年夏天，馬來西亞警方調查雖然大有進展，但一些問題卻始終未釐清：金正男爲何來到馬來西亞？他爲何在背包裡帶有十萬美元？誰給他這些錢？爲什麼給？同一時間點上，美國總統唐納．川普出席聯合國大會，罵金正恩是「小火箭人」，並威脅徹底摧毀北韓。

然而，金正恩是深不見底的狂人，是大家不該低估的人。他耐心計畫，接著心狠手辣地對付所有他主觀認定的敵人，不留後路。就算他情緒激烈地回應川普的演說，稱呼他爲「老番癲」，但這也可能是太永浩所描述的狂人策略的一部分。他推動核子計畫，並非一時心血來潮，而是目標明確的。

而金正男的家人依舊如坐針氈。二〇一七年秋天，有消息傳出，中國警方在北京逮捕了北韓間諜。據說他們接受委託，要殺害金正男的兒子。顯然平壤的獨裁者對手中大權依舊惴惴不安。

從倫敦大使館逃出的脫北者太永浩報告，金正恩過度偏執擔憂失去大權，並把核彈視爲預防失勢的手段。不過，他的核子計畫究竟進行到哪一步？距離他手持世上最危險的武器還有多遠呢？

Chapter 3

獨裁者的炸彈

北韓測試飛彈的時間大多是當地的清晨，是德國所有人還在夢鄉的時候。在韓國國家電視稍後播出的畫面中，可以見到熱流與煙霧，目睹飛彈是如何緩緩上升，接著加速射向天空。若測試成功，經常還可以在畫面上看到金正恩。高階諸將領站在他身旁，向他熱烈歡呼，他則滿意地露齒而笑，指向畫出航道的電腦螢幕，好似他親手將飛彈投向空中。

這樣的畫面在西方看起來總是非常詭異，太沒有現實感了，令人忍不住要問，眞有此事？眞有這麼個地方，一個體重過重、三十歲出頭的男人，爲了製造核子武器賭上一切？還是全部都只是宣傳的謊言，是在虛張聲勢？爲了讓金正恩政權獲得更多關注而恫嚇世界？

此外更重要的問題是，金正恩距離完成核飛彈的目標還有多遠？我們知道的是，爲達此目的，有兩件事尤其不可或缺：其中之一是，飛得夠遠且能儘量精確擊中目標的運載導彈，也就是所謂的彈道飛彈。彈道飛彈可以離開大氣層，飛越數千公里，接著再進入大氣層。另外，還需要夠輕巧的核彈頭，才能在飛彈的尖端裝上它，並且，還要夠堅固，才能抵擋得了回到大氣層時產生的超高溫。

可以肯定的是，北韓在飛彈載具與核彈頭的兩項開發上，於高壓下工作著。美國的詹姆斯·馬丁核不擴散研究中心的紀錄顯示，自金正恩掌權後，他測試導彈的次數，比他父親與祖父兩人加起來還要多。根據報告，二〇一七年到十一月底爲止，已經做過十六次測試，二〇一六年的次數也相同，北韓史上從未有過這麼多。過去幾年的測試數字，則介於零（二〇一一年）和十一次（二〇一四年）。事實是，二〇一六和一七年出人意料進行了這麼多次的導彈測試，證實了北韓前頂尖外交官太永浩於首爾的會面中所說的：金正恩想要利用美國與南韓總統選舉前後的政治眞空期，盡可能快速開發出大規模毀滅性武器。而這個國家似乎在射程與導彈的整體技術上有了大幅的進展。此外，北韓在二〇一七年九月初，還進行了總共算來第六次的核子武器測試，在國家東北方的地底隧道實驗場地爆炸，強度明顯是以往測試的數倍之多。

我們知道這些，因爲所有的測試都經過一絲不苟的分析，特別是鄰近國家或美國的分析。地底核武測試在地表造成強大的震波，宛如地震。在中國與北韓邊界附近的城市龍井，地表在第六次的核測試中震動得如此劇烈，以至於居民倉皇跑到街上。甚至還可以在德國測到這次的地表撞擊，如在漢諾威的聯邦地球科學與自然資源研究院，專家從地表撞擊的強度，甚至推斷出核彈測試的爆炸威力有多大。

北韓飛彈測試的彈道也同樣精確地分析了出來。北韓大多將飛彈以不尋常的陡度射向天空，好讓它於同樣地點掉落。那裡是日本海中特別深的地方，日本或美國潛水員因此難以尋獲殘骸。但是專家可以從飛彈抵達的高度，推算出普通射擊角度可以飛得多遠，亦即實際射程有多遠。平壤政府的軍事閱兵上，不只有幾千名士兵踏正步繞場，運輸車上還放了飛彈展示，引起金日成廣場的震動。就如同二〇一五年那個秋天，我在平壤的北韓勞動黨七十大壽的閱兵上，第一次見到的那些飛彈一樣。而這次的武器展示，也經人精確分析過。軍事專家旁敲側擊可得知多少事情，令人訝異。

除了國家頻道散布的飛彈測試的宣傳畫面外，還有一大堆關於北韓核武與導彈計畫的事實與舉證歷歷的假說。目前爲止，我們從中對北韓秘密武器計畫所知有多少呢？如此貧窮與孤立的國家，怎麼有能力去建設如此遠大的核子與導彈計畫？是誰從中協助了這個國家？又是誰對此視若無睹？那些製造炸彈的知識又是從何而來？這幅隨之而來的畫面，十分令人不安。

於是，北韓在二〇一七年七月與十一月底，總共成功測試了三次洲際導彈。從航道可推導出，射程超過了九千公里。以此距離，不只大部分美國領土在他們的瞄準範圍中，就連柏林和法蘭克福也是。而另一項目標，建造出盡可能輕巧的核彈頭，北韓的進度顯然也超過許多專家至今所相信的。平時好似離我們很遠的北韓問題，事實上已相當逼近。

另一方面，根據多數專家的見解，北韓還沒有能力讓重回大氣層的核彈頭抵抗住巨大的力道。日本北方島嶼北海道的錄影畫面顯示，北韓的第二顆洲際導彈支離破碎地回到大氣層中。也就是說，導彈的核彈頭很有可能在更高的高度就已經爆炸。北韓還需要多久，才能解決這個問題？距離核武完成還有多遠，才能用來威脅全世界？

北韓軍事強盛，部隊總士兵人數有一百二十萬人強，與全國約兩千五百萬居民對比，北韓因此擁有世界上最大的軍事組織。然而北韓早已不再視這支大軍爲核心主力。勞動黨週年紀念的軍事閱兵上明顯可見一斑。

當時，陸軍帶頭正步繞場。數支部隊士兵，身前手持裝上刺刀的突擊步槍，行經金日成廣場，答號響徹雲霄。跟在步兵之後的是軍事用車與坦克，齒輪霍霍壓過鋪石地，嘎吱作響。坦克炮塔人孔洞中，司令繃著身子站直敬禮。但是，這些大多是過時的戰爭設備，一目瞭然。有些看似來自冷戰初期，中國與蘇聯爲北韓製造的重型武裝，就連運用在韓戰時的蘇聯T34坦克也現身了。

接下來出現的是北韓的空軍，飛機在空中緊密並排飛行，好爲黨週年紀念寫出「七十」這個數字。遠遠看來令人印象十分深刻。但飛機一接近，我便認出這些是雙翼飛機，安托諾夫An-2，更確切地說，是蘇聯在二戰後研發出的飛機。也許北韓會用它在敵方陣線後方放下特種部隊。儘管如此，雙翼飛機對我來說，象徵著北韓的空軍狀態，大部分的飛機都過時了。根據美國國防部於二〇一五年的報告，北韓空軍最危險的武器「是他們於一九八〇年代從蘇聯獲得的米格29戰鬥機，以及對地攻擊的米格23與蘇愷25攻擊機」。北韓空軍的前鋒是滿三十歲的老飛機。五角大廈因此得出一個毫無驚喜的結論：北韓空軍的技術非常落後。

眼下平壤的軍事閱兵，安托諾夫突然飛越上空，展示出一幅古怪的矛盾景象。踏正步的部隊與觀眾，行軍經過時數百次響徹雲霄的答號，迴響在寬廣的廣場上，光是這些就展現出一種威脅的意象。然而我全程之中，不得不想起另一場我在幾週前跟進的軍事閱兵，那是為了慶祝二戰在亞洲結束的七十週年，中國在北京天安門廣場進行的部隊閱兵。北京和平壤在軍事裝備上的差異，大到無法想像。中國近年來強力擴張軍備，拜強勢經濟之賜，二〇一五年百分之十與一六、一七年各約百分之七的經濟成長，國防預算亦提升了。席捲過天安門廣場的裝備，既現代又威武。當然這一天，中國空軍的飛行隊伍駕乘的是最新研發的噴射戰鬥機，而非螺旋槳飛機。

不過，平壤閱兵尚未結束，相反地，現在才逐漸接近高潮。此時跟上的是載著行動大砲與現代火箭砲的卡車。其中很多大砲都裝置在南北韓邊界的非軍事區，能夠輕易射向首爾，在極短的時間內，讓南韓首都片瓦無存。

接著行軍走來的又是一部隊的士兵，他們胸前掛著某種包，包上面可見黃黑色的放射性輻射標誌。有如北韓經常出現的裝腔作勢，現在這些場上踏著正步的士兵，將核子標誌恫嚇性地掛在自己身前。後頭跟上的是載著飛彈的卡車，這些飛彈一個比一個大、也更長。很顯然，這些才是北韓的核心軍力。北韓就是憑藉著放在多軸卡車上席捲而來的這許多飛彈來恫嚇。他的導彈，他的核武。北韓以外的軍事專家對此尤其興味盎然，這場閱兵帶來洞悉這個國家軍力的難得機會。

行軍上方高處的一個觀禮台上站著金正恩，他觀賞著自己最危險的武器部署，畫面很恰當。身爲國事委員會委員長、朝鮮國軍最高統帥、中央軍事委員會委員長，他獨掌軍事大權——當然也包含了北韓的核武。二〇一三年四月，北韓通過「核武強權地位鞏固法」，亦即核武計畫的法律基礎。此法清楚規定，北韓任何情況下都不能放棄核武計畫。法規中還提到，國家核武只聽命於「最高領導」，也就是在金正恩的指示下，才能用來反擊另一個核武國家的侵略或攻擊，亦即報復打擊。這句措辭畢竟相當廣義，相信其他國家聽起來不會太感到安慰。不過也顯示出，炸彈建設對北韓政治有多麼重要，簡直就是國家至高的原則。

平壤閱兵的戲劇性，還清楚顯示出另一些可以見到其軍事策略基礎的事情。在「主體思想」中，國家的獨立自治是核心，這也印證在國防政策之中。北韓憲法提到「獨立防禦」，必須將國家建造成堡壘，因此一切都必須向軍力看齊，「先軍政策」中，也將軍事提升到優先地位。踏正步的武裝士兵、坦克與空軍，這些也許已落伍，但他們也和核武一樣，是政策的核心。他們可用在閃電戰上，以常規部隊快速偷襲南韓的戰略，或是動員大約二十萬特種部隊士兵打游擊戰。北韓十分清楚自己的軍事缺點，不過光是大量的部隊就能夠造成南韓巨大的傷害，因此不需訝異，南韓軍事戰略圖上精確表示出，北韓將百分之七十的地面部隊部署在國家的南邊。南韓和美國爲對此回應，也將大部分部隊部署在邊界附近。所謂的非軍事區，正好有著剛好相反的意義，反而是世上武裝最嚴密，因此也最危險的地區。

此外，北韓還轉而採用軍事上所謂的不對稱作戰。意思是，雖然北韓軍事在大部分領域都落後於南韓，更大幅落後美國，但於某些特定領域中，卻能夠以相對少的付出，造成對手重大的損失。北韓擁有生化武器軍火庫，尤其化學武器更具危險。他們還可以將部署在南韓邊界的大砲，裝填上生化武器，瞄準首爾。這座北韓應該擁有的軍火庫到底有多危險，從金正恩異母兄長金正男謀殺事件中的VX神經毒，再次清楚得證。

再者，北韓還擁有網路駭客軍團，這些駭客大部分都在北韓以外工作，能夠攻擊並癱瘓其他國家的企業與基礎建設。此外，他們還以數位手法搶銀行，來搞定政權急需的外匯。至於對手反攻使北韓本身成爲數位攻擊受害者的危險性，趨近於零。北韓落後的網路連線可保障其不受攻擊。

然而，不對稱作戰最重要的形式，北韓防衛教條中特定的元素，就是核武與導彈，他們可以藉兩者達成一切目的。早在金正恩祖父金日成時代，對核彈的追求就已經開始。甚至連當初社會主義兄弟國的東德，也曾經參與一角。一九六三年夏天，駐北韓蘇聯大使記下東德大使和他在平壤的一席對話。對話中，東德大使對他說：北韓人向他攀談，好奇是不是能夠以某種形式，從東德的大學與研究中心獲得核武與核能的資訊。這段對話出現在俄國外交部的檔案中，由美國威爾遜中心發行的冷戰史資料集公開。而東德大使立即轉達蘇聯的這件事，代表了北韓的請求暫時還一無所獲，蘇聯不準備將核武擴散。諸核武強權有原則共識，將核武維持在小圈子中。因此金日成的請求，不論在莫斯科還是東柏林，都碰了壁。

然而北韓早在一九五〇年代就獲得了核能友善利用方面的支援。北韓人在蘇聯的大學與研究機構做研究。一九六〇年代中期，藉著蘇聯的幫助，在距離平壤北方約一百公里處的寧邊蓋了一座核子研究中心，其核心項目爲蘇聯的研究反應爐。直到一九七三年，北韓還從蘇聯那得到反應爐的燃料棒，可以塡充至百分之十的可分裂鈾。

北韓這邊學到的知識，彷彿將野心鼓吹得更加猛烈。一九六三年，蘇聯大使這般報告他與北韓工程師的對話：那位工程師想要知道，以蘇聯的眼光來看，自己的國家難道還不夠格建造核彈嗎？不夠。莫斯科大使如是回答，這太強求北韓的經濟了。不過他顯然無法說服這位工程師。他反而認爲，在北韓發展核武是比別地方更便宜的。「若我們告訴工人，要完成這項任務，他們就得準備好年復一年地做工，不計酬勞。」莫斯科大使將這句話節錄在他的報告中。

核彈的原料是鈾，北韓還眞有一些蘊藏量。大約在北韓工程師評估自己的核彈的同時，蘇聯的工程師正在北韓奔走，考察當地的鈾礦。他們並未對此嘆爲觀止，反而是對駐平壤大使報告，以他們所見，當地鈾礦的採掘與處理將極爲昂貴。因此，北韓的蘊藏量未讓蘇聯產生興趣，他們有其他的原料來源。而北韓人則繼續嘗試開採鈾礦，幾年後還成功了。目前爲止，他們已擁有兩座礦場與兩座鈾處理廠，能將鈾處理成所謂製作反應爐燃料的原料黃餅，或濃縮成武器用鈾。

核彈這個目標，烙印在一九七〇年代平壤政治中有多深，從北韓大使與匈牙利大使，於一九七六年布達佩斯的一席對話中流露出來。北韓人說，他們認爲韓國無法以和平的方式統一，北韓已做好戰爭的準備。若眞的開戰，那麼比起正規武器，更可能是用核武來作戰。北韓對此已做好萬全準備。目前爲止，他們已擁有核彈頭和承載系統，南韓與日本的各大城市如首爾、東京、長崎與軍事基地沖繩等，都在射程範圍內。沖繩在當時已是美軍駐日本最重要的基地。北韓宣稱，他們的核武是在沒有外界幫助下獨立研發完成的。

以現今所知，當時這些當然都是講大話、虛張聲勢。北韓經常這麼說，好讓自己的國家看起來更具威脅性、更有力量。當時的北韓距離能夠獨立發展核武，還有很長一條路要走。令人吃驚的是，將近四十年前的這席對話，當中重點都確實印證在今日的朝鮮衝突中，成爲世界上最嚴重的危機：以核戰做爲王牌，恫嚇南韓、日本與美國。

北韓一直以來都自認爲身處核武列強的環抱中：西方有中國、北方俄羅斯、東方與南方是美國。在北韓看來，尤以美國與南韓的威脅最大。一九六〇年代南韓的確曾經想要嘗試建設核武計畫。但經華盛頓政府遏止，因爲不想核武強權的數量增加。直到一九九〇年代，美軍曾在南韓部署了核子彈。後來這些飛彈撤除出朝鮮半島，因爲此時美國已經能在亞洲的其他駐點以核子進行恫嚇。

北韓本身嘗試了兩種方法，來獲得建造核彈所需的原料。第一種方法是製造鈽，例如一九四五年八月擲向長崎的美軍核彈，就使用了鈽。核反應爐運轉時，從鈾燃料中會產生鈽，可於再處理設施中，從燃燒完的燃料棒中取出。一九七〇年代中期，北韓將寧邊的蘇聯研究反應爐現代化，並開始建造另一座反應爐。兩者目的顯然都是爲了要製造鈽。

第二種方法是濃縮鈾，例如使用離心機。北韓從自己礦場採出的天然鈾，其中只含有一小部分適用於核彈的鈾型態。要從天然蘊藏的鈾中取出核彈的原料，其實是相當複雜的過程。爲此得使用所謂的氣體離心機，從中可將不同變體的鈾，依其重量不同而分離。和取得鈽的情況相似，北韓既沒有資源也沒有能力來獨立進行這項程序，也同樣得由外國指點協助。只是這次不是蘇聯，而是巴基斯坦，他們甚至還在其他更多地方直接幫助了北韓。

巴基斯坦總理佐勒菲卡爾．阿里．布托，於一九七〇年代中期於北京，向毛澤東打聽中國是否能幫忙製造核彈。因爲他們的世仇印度才剛測試完核彈，令布托坐立難安。中國也與印度結怨，前幾年還因爲喜馬拉雅邊界地區問題跟印度打過仗。因此毛澤東準備幫忙巴基斯坦開發核彈。一九九〇年代末期，巴基斯坦就得以獨立測試自己的核彈。而其中最重要的核工程師阿卜杜勒．卡迪爾．汗，當時供應了北韓任何建造核彈所需的設施與設備，尤其是建造濃縮鈾離心設施的裝備與知識。這筆生意做得很大，直到二〇〇三年才露出馬腳。

至於中國對巴基斯坦支持北韓核子計畫這件事所知多少，衆說紛紜。難道北京政府眞能錯過這筆平壤與伊斯蘭瑪巴德之間行之有年的大交易嗎？北韓爲了得到核彈知識，是否又反過來傳輸巴基斯坦他們的導彈知識呢？甚至是否還曾將全部的飛彈零件，由運輸機送到巴基斯坦呢？北京官方政策始終遵守核武禁止擴散條約之際，想必這個國家一定對這筆地下交易視若無睹。至少有過一段時間，北京政府的看法極可能是，北韓的核武軍備有可能會改變其與南韓、美國之間的權力平衡，爲中國帶來好處。

北韓實際上在離心機的建造與武器用鈾的製造進行得多遠，最晚在二〇一〇年顯示了出來：當時美國代表團拜訪寧邊，北韓向他們驕傲展示濃縮鈾的設施。美國人將他們所見，形容成「現代化的小企業設施」，和大多數「超現代且乾淨」的北韓核設施有所區別。

正是那當中的一個時刻，北韓想向世界昭告他們的核彈製造已經多接近目標；那個時刻，他們短暫掀起幕簾，讓世界看看上演的是哪齣戲，進而驚慌失措。因爲寧邊的設施代表的意義不小於：北韓已有能力從鈾中提煉出製造核彈的分裂物質。於是，他們比許多人相信的都還要接近成爲核武強權的目標。

目前爲止，北韓在核彈發展上已取得大幅進步。二〇〇〇年代，寧邊的研究反應爐曾閒置過一段時間，有部分設施甚至遵照裁軍協議規範而拆除，然自二〇一三年起，此設施又重新開始運行——金正恩武器加速計畫的一部分。根據武器專家的認知，另一個反應爐目前正在施工中。寧邊的輻射化學實驗室於過去幾年，已從反應爐的燃料棒中提取出好幾公斤的鈽。二〇一〇年發現的寧邊離心設施，過去幾年內又大幅擴建，今日面積增加了兩倍。專家擔心，附近還有另一個至今情報不明的設施出現。從衛星影像評估中所見，科學家認爲，鈾礦與處理設施已經現代化並擴建。寧邊附近還有一排其他的設施與建築，顯然是要用來製造核彈。例如石墨設施，用來幫助反應爐運轉製造出鈽。其他還有製造氚或鋰6的設施，是製造氫彈所需的物質。

所有這些設施，都不是北韓一己之力得以建造的。這包含了來自國家以外的知識、支持和建造零件。北韓炸彈史因而也是世界上最危險的武器知識傳播史。主動支持、放過不管或視若無睹的歷史共業。無論如何，爲了獲得炸彈製造所需的事物，一直以來北韓都無所不用其極。

前美國武器督察大衛．阿爾伯瑞特研究做出結論，目前爲止北韓已擁有三萬三千公斤的鈽以及十七萬五千至六十四萬五千的武器用鈾。鈽的量還可以準確估計出來，因爲可以從反應爐的運作中推導，而反應爐的運作可以經由衛星證實。而從鈾量估計的大範圍差異中可看出，要從外界得知有多少鈾在離心設施中濃縮，基本上是更困難的。這項製造是在封閉的廠房中進行，不是那麼簡單就能看到，而離心機的活動並無任何外顯的特徵。此外，寧邊附近是不是還有另一座設施，也還不清楚。

無論如何，根據阿爾伯瑞特的猜測，鈽和武器用鈾的量，代表了北韓於二〇一六年底，已擁有了十三至三十個核子武器。而這裡估計的範圍差異，也是因爲不確定北韓可以製造出多少武器用鈾出來。阿爾伯瑞特估計，北韓以其設施，每年他們的核武軍備得以增加三到五個核彈。到了二〇二〇年爲止，這個國家將擁有二十五至五十個核彈。若目前仍在建造中的反應爐開始運轉，那麼數字還會更加提升。

北韓是否已經能夠製造氫彈，當然始終也無法作定論。氫彈的爆炸威力超過核彈數倍之多。其程序更加複雜，技術也更爲困難。核彈的鈽或鈾核心會分裂，由分裂釋放出的能量產生爆炸力，相反地，氫彈則是由氫元素的核融合產生。爲了使其眞能融化，必須達到極高的溫度與壓力。因此氫彈通常建造成兩個階段。將核彈作爲類似引信的作用，來促使核融合，使炸彈中的氘和氚受到強力擠壓而變得緊密，融合並釋放出巨大的能量。

平壤在二〇一六年一月第四次以及二〇一七年九月第六次核武測試時，宣稱已經引爆氫彈。南韓、日本與美國的專家對第一次的意見一致，認爲測試的爆炸力太微弱。依據武器專家阿爾伯瑞特的認知，畢竟這次的測試是在七百至八百公尺深的地下進行，是以往測試的約兩倍深。因此很有可能，北韓預估的是更大的爆炸力，然而測試的結果卻不如預期。之後二〇一七年九月的測試，預估爆炸力則超出以往所有測試的好幾倍，介於十萬至十五萬噸，而以往的測試最高達到一萬五千噸。比對美國在廣島引爆的核彈，爆炸力是一萬五千噸。就算情況如此，各專家至今仍認爲，那並非是兩階段式的氫彈。

很明顯，建造類似氫彈是北韓宣告的目標。爲此他們製造的彈頭要夠小巧，才能裝上洲際飛彈。從兩張照片上可清楚看出，照片上都有金正恩，他和北韓科學家一起視察彈頭。第一張相片展示的是一個周長足足六十公分的亮銀色圓彈，黑色引信從中脫離出來。上端可見圓盤狀法蘭，很有可能爲得是要固定在導彈尖端的彈頭上。北韓新聞台公開這張年份不明的相片，並提示其爲氫彈彈頭。然而這顆彈頭的製造方法，很有可能對導彈而言還太大了。北韓在第六次核武測試當天公開的第二張照片上，也有金正恩，可看到他如何觀賞一個錐形的灰色彈頭。據說這也是氫彈，只是這個設計明顯更小，根據其長長的形狀，應該更容易裝上飛彈。

不能確定兩張照片上是否眞是彈頭。北韓向來都很瞭解欺騙的藝術，他們十分清楚這類照片釋出的政治宣傳效應。然而我們至今對北韓核計畫所知的一切，似乎也已經相當危險了。

任何參與北韓炸彈製造的人，都可以合拍一張照片。第六次核武測試後的幾天，金正恩邀請大家到平壤音樂廳參加一場盛大的慶祝會。這場慶祝會主要是爲了一同測試核武的同仁所舉辦。可看到群衆幾乎清一色都是男性，他們的藍外套上配戴著許多徽章。從相片上可見到，金正恩身邊總是兩個男人：軍需工業部副部長洪承武和核武器研究所所長李洪燮。正是這兩個人，也出現在剛才說的核彈頭的照片上。金正恩握著李洪燮的手，群衆對他們歡呼。北韓的掌權者笑著，好似清楚知道，政權與統治有多仰賴李洪燮和其同事。

類似核彈的製造，北韓在飛彈上亦有賴國外幫助。但這裡也有許多疑問，因爲平壤的飛彈計畫也如同核武計畫一樣保密進行。也同樣涉及仲介、北韓外交官、其他流氓國家與獨裁者的地下武器交易。

看來肯定的是，北韓的飛彈計畫是從蘇聯的飛毛腿B型飛彈爲出發點，這顆飛彈是政權於一九七〇年代末期或一九八〇年代早期從埃及買來的。飛毛腿B型飛彈是短距離飛彈，射程大約有三百公里遠。北韓工程師拆解飛彈，並於一九八〇年代中期仿製出自己的飛彈，所謂的火星五號，北韓還賣給其他國家。相同的原理，北韓於一九八〇年代晚期，以飛毛腿C型飛彈爲基礎，研發出自己的火星六號，射程大約有七百公里。蘇聯的飛毛腿飛彈技術基本上就是北韓飛彈計畫的藍圖。奠基於此，北韓還製造出射程介於一千兩百和一千五百公里遠的蘆洞一號。他們大概還將這型號賣給了伊朗，而伊朗從中研發出沙巴伯三號飛彈；還賣給了巴基斯坦，他們從中製造出高銳飛彈。

飛彈製造的過程中，北韓顯然獲得了蘇聯以及中國方面的支持。但很難說是否有來自莫斯科政府或北京政府的知識。但飛彈的技術顯示，有經過密集的輔導，且許多零件是由如較新的俄羅斯中程飛彈等所改造出來的。

其實經常只要一看北韓定期舉辦的軍事閱兵，就可以明顯看出俄羅斯和中國一定有支持其軍備。二〇一七年四月展出的洲際飛彈用的巨大貨櫃卡車，就令人聯想到俄羅斯的白楊飛彈或中國的東風31，以蘇聯飛毛腿爲基礎的保衛艦艇的短程飛彈。坦克上的防空系統同樣奠基於俄羅斯藍圖，令人想到型號S-200、S-300的俄羅斯防空飛彈，以及中國的FT-2000。

只是這番支持似乎還要更爲深入，雖然涉及的也是飛彈的研究和發展，但卻是北韓用來威脅世界的飛彈。這於二〇一六年二月初一個冷冽的冬晨顯露了出來。

北韓之前曾宣告，要將一枚衛星射向太空，這枚衛星叫做「광명성4호」，中文是「光明星四號」。官方說法，這顆搭載著兩台相機與太陽能電池的閃亮之星，是要用來觀察地球。但實際的目的顯然是要用來測試洲際導彈。

北韓早在二〇一二年底就已將一枚衛星送向太空——「光明星三號」。有一些發射時的照片，可見到足足三十公尺高的承載火箭，拖著長條的噴射火流飛離一座巨大的發射台，就像大家於其他國家的火箭發射站所認識的一樣。三節的承載火箭叫做銀河三號，是北韓那時所研發出的最強火箭。聯合國制裁禁止北韓發射火箭，就算是用於據說的和平任務的情況下也一樣。西方的專家猜測，平壤較不在乎衛星，他們更在乎的是銀河三號的測試，因爲可以做爲洲際導彈的基礎。

北韓這次甚至例外地公布火箭的部件回到地面時可能的掉落位置。他們看來也很清楚，有許多人對於承載火箭的製造以及內部構造大感興趣。因此工程師在發射前，將火箭填滿了爆裂物，只要各節火箭在飛行時燒盡，接著向地表的方向墜落，這些爆炸物就會在落地時點燃，並將火箭的殘餘部分炸得粉碎。只是，南韓海軍大概也料到這一點，他們的船艦早已在海上等著，只要有足夠的火箭碎片從日本海打撈上來，讓南韓工程師得以重建出銀河三號的一大部分，那就夠了。

調查的結果讓專家也大感意外。銀河三號的外殼顯然是在北韓製造的。然而內在構造所包含的電子零件、電路、發射器與壓力計，在南韓與美國專家看來，並非來自北韓。只是這怎麼可能？怎麼可能在聯合國嚴格的制裁下，還將火箭製造零件送往北韓呢？

火箭發射滿一年後出現的一份聯合國調查報告中，將那些銀河三號中重要的製造零件，詳細列出它們的來源。火箭中的相機濾鏡上帶有序號，指向一家中國公司：「北京東展科技公司」。壓力計則是在英國製造，但銷售到同樣是中國公司：「北京新建騰世紀科技公司」。聯合國報告說，這個發現指出，核武與飛彈計畫所需的極端重要的尖端配件，應來自於國外。

這些都是中國與甚至俄羅斯在北韓的核武及飛彈計畫中，占有一席之地的證據。北韓以一己之力，不論在知識或資源上，都無法自行發展出承載系統與核彈。要不是從國外得到幫助與支援，就是自己去取得的。

至今北韓已經發展出廣大的飛彈軍火庫。根據專家估計，其中包含了幾乎可以抵達南韓國土各個角落的短程飛彈；此外，北韓還有「蘆洞型」中程飛彈，射程至一千五百公里遠，可以抵達日本；以及「舞水端導彈」，射程可達至四千公里。二○一七年十一月底的火星十五號測試，還揭露出北韓在洲際飛彈的發展上已經到了什麼程度。飛彈在測試中以特別陡的發射角度向上俯衝至約四千四百公里的飛行高度，這代表了，在普通航道的射程可至約一萬三千公里，因此這顆飛彈可以抵達美國甚至德國。更令人擔憂的是，除了洲際飛彈的測試外，北韓人還測試將飛彈從潛水艇上發射，這麼一來，就跟承載卡車上的移動發射裝置一樣，更難以辨識出來。

以先制攻擊來摧毀北韓核武的可能性，如同美國政府做過的一番討論般，似乎是完全不切實際的，飛彈的數量根本太多了。發射裝置隱藏得很好，甚至是在水底下，幾乎不可能一次性將之全面癱瘓。況且，北韓能夠用核導彈反擊的危險性極高，根據大衛．阿爾伯瑞特的看法，北韓現今已經能夠在蘆洞中程飛彈裝上核彈頭，他們的核彈頭已經小到可以裝上飛彈了。這就表示，北韓今日也許已經能夠透過飛彈，以核打擊來威脅南韓與日本。

不久後北韓還可能有能力將核彈頭裝上洲際飛彈。對北韓科學家而言，目前還有顯著的技術問題。但在二〇一七年九月的測試顯示，北韓在縮小核彈頭方面不停在進步。最後的障礙有可能是將彈頭製造得夠堅固，在回到大氣層時抵得住高溫的煎熬。根據目前的進度，這極有可能在未來的一兩年內發生。這麼一來，北韓就躋身至他們朝思暮想的核武霸權地位，有能力在地球上的任何角落，引爆全世界最致命的武器。

這眞是可怕的景象啊！但估計局面再也無法挽回。不管喜不喜歡，北韓就是有炸彈——將時間倒轉歸零，令北韓放棄飛彈與核武計畫的想像，則顯得非常荒謬。我們早已錯過可能阻止這件事發生的時機了。都怪我們好整以暇得太久，以爲一切都是作秀和演戲。如今潘朵拉的盒子已經開啓，不容我們再輕易關上。

而現在必須做的，是設下傷害與危機的停損點。將計畫凍結，裁撤軍備。尤其還要阻止北韓將他們危險的武器，賣給世界上的流氓國家。他們在過去正是這麼做，來填補他們人盡皆知的匱乏財庫。將飛彈賣給伊朗和巴基斯坦，將武器運往非洲和敘利亞。若北韓將可換置的核彈頭或短程飛彈的設計賣出去，那麼又會發生什麼事呢？核武知識的傳播是炸彈史上的定律，是至今仍受人漠視的危險。任誰前往北韓瞧瞧這個國家的內部，大概就可以想像，為什麼此地是個貨眞價實的大危機。

Chapter 4

一瞥北韓內幕

平壤金日成廣場上，上千名學生組成不同隊形，帶著火炬繞場已超過一個小時。他們以同樣的斷奏與韻律，不斷高喊著愛國口號，雷雲覆蓋夜空。他們身後、廣場另一頭緊鄰著大同江，身前觀眾看台台階上，坐著一排排的士官，戴著尺寸過大的古怪軍帽。上方的觀禮台，中午金正恩還站在上面，現在已空無一人。北韓的獨裁者，大概坐在電視機前追蹤這場火炬遊行。

突然間雷雲放電，下起傾盆大雨。學生不斷高喊，白襯衫已黏貼著身子，大顆大顆的雨滴從他們的臉上流下，但他們仍然伸直手臂拿著火炬，沒人膽敢從排列嚴謹的火光中脫隊。

不過，觀眾卻漸漸躁動了起來，尤其是看台前方，看著觀眾騷動的西方記者以及他們的北韓監視者。我和一些人躲到看台附近的一棟大樓入口處的屋簷下。其中一個監視者之前曾經告訴過我，這棟大樓是北韓的外交部。雨勢越來越大，幾乎要將觀眾的規矩與秩序一塊塊地沖刷掉。現在有越來越多人到這來找掩護，高官顯貴甚至還有幾個軍官，每個人都擠到屋簷下。眾人將我推擠進外交部裡面，昏暗的大廳沒有任何一盞燈亮著，只由外面遊行學生的火炬火光照亮。入口正對面是一幅大壁畫，畫的是金正恩的父親金正日，他微笑站在明亮藍天前的綠草地上。在不安晃動的火炬火光下，圖畫更顯得不真實，好似這不是政治宣傳，而是幻象。

寬廣的台階從大廳通往一樓。在超過兩個鐘頭的火炬遊行靜坐後，北韓軍官已及一些監視者急著上去找廁所。儘管其他時間我只能在持續的監視下走動，但此時此刻已經無人顧得上我。因此我乾脆順著人潮流動，捕捉這棟持續對外國人封閉的建築之稀有景像。台階上也沒有燈亮著，只有一樓樓梯平台上面放著的三張桌子，由簡陋的辦公燈光照亮。半打的官員坐在那裡，激動地用轉盤式電話通電話。突然之間我醒悟了過來，我正站在那呀，北韓外交部的中心位置，他們在此處規劃並監視外國賓客來訪參與這場閱兵。

外頭觀衆依舊騷動不安，上千名學生帶著他們的火炬繼續繞場，爲的是要說服全世界，他們對金正恩忠心耿耿，以及自己的國家很強大。只是這裡頭，北韓的外交部，暴露出的是個相當不同的世界。在這個世界，甚至連外交部也沒有足夠的電力，而官員用老古董的機器打電話。

我從外交部大廳走出，又來到了外頭，火炬遊行正要結束。我用小相機錄下一隻白鴿振翅對抗掃過金日成廣場的狂風暴雨，此時此刻就連最後一塊史達林式的節慶秩序也崩潰了。在看台上堅持至今的衆士官，逃難似地避開大雨。他們察覺到我正用相機拍著，其中一人對我投以陰沉的一瞥，好像我抓到他什麼把柄似的。此刻我只覺得輕鬆不少，總算看到不是踏著正步的北韓軍人了。

每個來到北韓的人，看到的都是這個國家策劃好的事物。沒有人獲准自由活動，更別提我們這些記者。每回我們獲准進入這個國家，就一定有兩個男人隨侍在旁，官方的說法是，這些人是來幫忙的。永遠都是兩個人，才能夠保障他們彼此也互相監控。因爲說不定，其中一人會對我們的好奇心過度包容，或甚至太講義氣。這項原則也可以在北韓日常生活中的其他方面看到：人人控制人人，因爲在北韓這個間諜國家，沒有人可以相信。

我住在北京。身爲外國記者，在此地特別受到警察和國家安全局的監視。我目前已逐漸習慣，在中國，我的電話會受到監聽、電子郵件和簡訊會遭他人讀取，秘密警察夜晚三番兩頭闖入我們的辦公室，只爲了向我們下馬威，表示他們可以這麼做。每次到旅館辦理住房手續時，我的名字立刻就會通報給當地警察，有些旅程中，當地的秘密警察會追蹤我們的一舉一動，查看我們在做什麼。這就是駐中國記者的日常，每個人都盡可能嘗試與之和平共處。北韓的監視卻大不相同，他們更深入，也更直接。在中國，有時我們會忘記或假裝沒有一切都在監視下的這回事。但在北韓受監視的感覺，始終如影隨形。

北韓喜歡讓來到平壤的西方訪客，下榻在羊角島酒店，這是大同江島上的一棟水泥大樓，大概也是全世界監視最無孔不入的酒店。有回辦住房手續時，爲了要有充足的空間辦公，我們突然要求一間更大的房間。他們並未對此做好準備，因此我們必須要等。接著我們在旅館走道看到，一隊技術人員離開我們想要的房間，延遲入住的理由，顯然不是床單還沒鋪好。還有一次，等不及我們在房間放下行李，一個監視者就向我們走來，嚴正告誡我們，說不久前有位記者在旅館使用衛星電話，他必須承擔惡果，應該是遭到遣返了，我們最好別妄想使用類似儀器。北韓人大概不喜歡我們用獨立於北韓電話網絡外的衛星電話通話，這麼一來，他們便難以監聽。

羊角島酒店是個詭異的地方，地下室有保齡球道和郵局，我們可以從郵局打電話到國外，還可以買到宣傳明信片，上頭畫著北韓坦克戰勝美國的入侵者。然而這家酒店也是個慘案現場。據說二〇一六年一月，美國遊客奧托·溫畢爾於旅館五樓的員工區，從牆上取下一張政治宣傳海報並偷走。爲此他於二〇一六年三月，在平壤獲判十五年的勞改。他死於二〇一七年六月，以持續性植物人狀態送往美國之後。酒店五樓無法乘電梯到達，是所謂的秘密樓層。溫畢爾應該是透過樓梯間到達那裡。旅館來客不應該使用樓梯間。有一回旅館電梯超載，我決定走樓梯上去。走了兩層樓後，一個旅館員工向我走來，語氣強硬地請我搭電梯。這雖然只是一件插曲，卻製造出一種在我的北韓之旅中如影隨形的印象：我們不能偏離規定好的道路，一公分都不行，總會有人察覺，全部都在監視之中。

北韓的旅遊行程一直都排得滿滿的。有人帶我們到平壤的遊樂園、醫院和科學中心。要讓我們看到，儘管遭受國際制裁，這座首都與這個國家卻依舊繁榮，人民生活得極好，正如掌權者金正恩所承諾般。但是這場策劃，卻時不時地露出馬腳，帷幕撕裂露出一小道裂痕，出人意料地可以窺入國家幕後的眞實情況，就如同金日成廣場上火炬遊行時發生的狀況。

每當我一離開北京，坐上北韓的高麗航空降落平壤，就會遭遇到表象與眞實的眞假問題。平壤機場並非特別大，但十分嶄新，配有現代化的舷梯和行李輸送帶。看起來一切尋常，如同其他機場。只是，一旦將眼光移到起降班次的平面螢幕上，每天卻只有一班北京來回的航線，一架飛機，飛去又飛來，完畢。接著機場再度清空，偌大接待大廳裡，恐怕連小賣部也會跟著熄燈。我們幾乎不敢在那裡買東西，怕破壞飲料和餅乾包裝的完美排列。小賣部簡直是個裝飾，就像入境大廳正中央那束閃閃發光的塑膠假花。

進城的路上延續的是相同的場景。街道鋪得很好，鋪了柏油，但全國上下僅有百分之三這樣的道路。途中經過農田，農夫還用套著軛的公牛工作，或整個家族徒手收割穀物。然而在平壤，卻可以看到嶄新發亮的高樓大廈與美輪美奐的大街、商店和餐廳。交通突然變得擁擠，我注意到德國的豪華轎車以及許多中國車。那個時代，平壤街道空無一車，交通警察立於空蕩蕩的交叉路口，好似爲了打發時間而做出停與行的突兀芭蕾動作，早已不復存在。這眞是令人摸不著頭腦的景象，一抵達北韓就看到，農夫沒有拖拉車、沒有其他機器；而都市裡，買得起車的人數卻明顯越來越多。不過，因核武計畫而受聯合國制裁最嚴厲的期間，這般都市景氣究竟如何能夠興起？又有誰從中獲利呢？

想要知道北韓和人民眞實的生活情況，其實一點也不簡單。金正恩允諾了兩項政策，根據這兩項政策，國家除了發展核武外，同時也會開放經濟。這條路是否順利，有許多值得質疑之處。政府自一九六五年以來，就不再公開任何關於國家經濟狀況的數據，也好幾年沒有公布國家財政預算多少的數字了。

然而我們當然並非一無所知，因爲關於北韓，還有許多來自其他源頭的數據。首爾的韓國銀行大致公開了北韓經濟力的定期資料。奠基這些資料的來源，還包含了南韓情報局對北方工業製造的評估。不過因爲北韓並未將商品在國際市場上流通，因此很難知道商品的眞實價值有多少。當然，工業製造只是北韓經濟力的一部分，只是，服務業和商業又更難以估計，但至少可以用北韓主要銀行的數據來參考。根據他們的資料，二〇一六年，北韓國民生產總值大約成長了百分之三點九。然而，過去九年間僅有小幅上升、甚至還有下降的情形。二〇一六年北韓的人均收入，換算後因此落在每年一千一百歐元左右。也因此，北韓屬於世界上最窮困的國家，跟海地或烏干達的水準差不多。比較起來，德國同一年的人均收入約三萬八千歐元，南韓則達到兩萬三千歐元。

另一種測量北韓經濟力的方法，是南韓發展研究中心的科學家算出來的。他們調查在北韓有多少戶人家是以柴火或炭火煮飯，再將這個數字與其他國家比較。二

○○八年，北方有將近百分之九十三戶人家，沒有電力與瓦斯的使用管道。這個數字又是另一項證據，證明這個國家差不多是海地和烏干達的水平，而他們的人均收入大約在八百到一千一百五十歐元之間。

北韓人平均壽命爲七十歲，使得這個國家和如孟加拉或俄羅斯等國家一樣，在國際上名次屬於後段班。其中一個理由，大概是北韓向來落後的醫療環境。事實上，聯合國世界糧食計畫署推測，北韓大約有百分之八十的人口無法攝取到充分均衡的營養，三分之一的五歲以下兒童得忍受貧血之苦。根據世界糧食組織的研究，在北韓，每四個兒童之中就有一個因爲營養不足而出現發育不良的症狀。聯合國糧食及農業組織（FAO）於二○一七年夏天警告，北韓可能再度遭遇食物緊縮的瓶頸。先不論其他的旱災，春天又有一場特別嚴重的旱災重創了穀物的耕作，根據聯合國糧食及農業組織二○一七年的預估，威脅到將近三分之二的北韓收成，使之陷入更嚴重的情況。北韓的醫療環境有多艱困，甚至軍隊也不例外。二○一七年十一月，於一個士兵戲劇般地逃脫邊界過渡區的共同警備區事件中，可見一斑。士兵在逃脫時受到嚴重的槍傷，照顧他的南韓醫生在他的腸道中找到了十幾隻蛔蟲，最長的有二十七公分。其中一位治療他的外科醫生說：「二十年的行醫生涯中，這種情況我只在教科書中見過。」這次的發現對專家而言，又是另一項證據，證明營養不良的問題有多嚴重，環境有多麼不衛生，例如利用人糞來施肥。

但是這不代表問題也侵襲了首都平壤。相反地，在官方的餐會邀請中，主人準備的十至十二道的韓國特色料理菜單，一道尾隨著一道上菜，通常客人在中途就飽得不行。大家當然不得不懷疑，他們這麼做的用意，明顯是要打預防針，排除掉那些關於全民糧食供應的問題。

平壤近年來還大興土木。時時刻刻都看得到金正恩，看他爲科學中心大街剪綵、拜訪托兒所、漆上開心果色或水蜜桃色的住宅區。北韓官階最高的脫北者太永浩說：「金正恩將多數的可用資源都投資在平壤，試圖藉由在首都大建住宅設施與摩天大樓，來證明他身爲領導人的能力。爲此他必須縮減平壤以外的基礎建設投資。在他的領導之下，首都和鄉下之間的差異甚至更大了。」

也因此，平壤幾乎不見聯合國制裁的影響。首都是櫥窗，供應給世界觀賞，爲了打造它，永遠不缺資金。再加上，最嚴重打擊到這個國家與政權的制裁，實施的時間還不是很久。聯合國於二〇一六年，才通過逐步限制北韓重要收入來源的制裁，亦即礦產出口，特別是煤炭與鐵礦。兩項礦產於二〇一五年幾乎占了出口收入的一半，大約兩億三千萬歐元。北韓會受到怎樣的影響，只有最重要的貿易夥伴例如中國也落實制裁，效果才會慢慢顯示出來。

依照金正恩的特別願望，平壤動物園擴建了，誕生出一座水公園和海豚館。一個晴朗的秋天下午，我們的監視者突然載我們過去。海豚館在大同江另一側的公園裡，那天有許多平壤人帶著家人，在那裡散步。裡頭有一個給海豚游泳的大水池和陸降的觀衆階梯看台，可容納一千名來客。表演時，舞台上朝鮮勞動黨的黨徽亮起。觀衆的衣襟或襯衫上都別著紅胸章，上頭有金正恩的兩位前人金日成和金正日的肖像。那是一場很吸睛的秀，北韓的海豚會算數，還很有紳士風度，送花給他們的女訓練員，此外，牠們當然還對任何想像得到的敬禮方式駕輕就熟。牠們還會用尖鼻子指揮呼拉圈比賽，比賽中北韓女孩搖得較久，擊敗了一個加拿大人，這個外國人因此多少有點遭到挖苦，這似乎讓平壤人很開心。

等我們出場後，有個監視者宣稱，平壤人人都買得起這場秀的入場券。這眞有可能嗎？畢竟許多人的月收入都如此微薄。而在這樣一個許多人沒有充足食物、更沒有電力或自來水的國家，將錢投入在建設與維持海豚館眞的好嗎？這些問題顯然令監視者感到不舒服。他請我們暫時將相機關掉，他必須好好想一想。至少他試圖找出答案，而不像其他同事可能會做的一樣，拒絕回答問題。過了一會，他準備好了答案，說：「需求有分物質與文化，人畢竟也要享受文化。」他感覺上不是很確定，自己的這個答案是否能夠消除矛盾，更不知道最後會不會受到上司的刁難。

至少理論上，北韓是共產國家，追求的是平等與無階級的社會。但事實上，社會則烙印著階級制度，這個制度中，每個人早在出生時就分類好了，而且無法逃脫。所謂的「出身成分」，將北韓人分成三大階級：核心階級、動搖階級、敵對階級。當中還有許多小分類，但這三大分類決定了每個人在北韓的生活機會。「出身成分」維持長達終生，它只視父輩與祖父輩對國家有多效忠，對金家王朝有多服從。安全局將「出身成分」蓋印在檔案上，便能夠清楚知道，這個人允許在北韓的哪個地方生活、上哪間學校和大學、可以做什麼工作。而在北韓幫助升遷的關鍵，就是是否可以成爲勞動黨黨員，也會經由「出身成分」來共同決定。一個人有多努力、多聰明或多有創造力，全都只是無關緊要的條件。若他的祖父曾是大地主，或在二戰中歸屬於和金日成競爭的共產黨派系，那麼他就無需再痴心妄想，外交部、軍隊或科學界的升遷管道對他都是封閉的。

這般嚴格的人口分類，甚至可以大略估算出數字。約兩千五百萬總人口中，有四分之一的人口屬於可信賴的，約一半的人口屬於動搖的、另外四分之一則是敵對的。這就表示，有百分之二十五的人民，他們的潛力從一開始就不受期待，僅僅因爲對這個家族的黨路線忠誠度有疑慮。只要想想這個國家在各領域有多貧困和落後，就知道情況眞令人倒抽一口涼氣。另一方面，北韓是以什麼爲優先，則可以看得清清楚楚，沒有疑慮。在北韓，比起進步發展與社會繁榮，服從金家王朝和遵從統治家族，反而是更加重要的。

我不禁再度想起一場群衆遊行，想到政權如何在類似場合上部署他的人民，宛如一張人體組合地毯，以奇妙與神秘的方式同步移動，畫出一面面北韓國旗或勞動黨旗幟的圖樣，消失後又現身為其他陣形。類似的部署一定演練了好幾個月，直到他們畫出完美的圖樣，沒人再從行列中掉隊。這場部署中，個體不過是巨大人體組合地毯的其中一個小繩結。北韓社會體系運行的方式也相當類似。

北韓的計畫經濟，是由國營企業所刻劃出來的。他們大概是世界上唯一一個在東方集團垮台後，還繼續堅持著如此嚴格國家經濟控制的國家。雖然在某些自由貿易領域，或多或少出現了低等資本主義的跡象，但是北韓的經濟核心：機械製造、軍需工業、化學公司、礦產、金屬加工、紡織品製造與農業等，都是按照社會主義的計畫經濟安排。到目前為止，金正恩還不敢偏離父親與祖父的路線，也許是預想到，透過國家經營管理，主權可以更加提升。類似中國與越南兩國的共產黨監視下的資本主義試驗，在北韓還是很少見。

在一次訪問中，我們被帶到一家製造鐵絲的工廠。地板、機器，全都乾淨到反光，銅絲一尺又一尺地捲成線圈。那些選出來和我們談話的工人說，他們對這份工作有多感到開心，尤其特別珍惜工廠附帶類似健身區的游泳池。他們還帶我們去看游泳池，然後剛好有幾個女員工在池中拍打水花。這家工廠大概是證明北韓計畫經濟運作得多好的標準範例，以及他們有多為員工的需求著想。但這同時也是北韓問題所在的證據。他們給我們看的，偏偏是一家鐵絲工廠，裡頭四處只見得到低科技。若這就算楷模，那麼剩下的還能如何呢？

冷戰時期，拜補助金與和蘇聯的貿易優惠所賜，政權還可以勉強維持所需，並全面性訂下對人民照顧的辦法。蘇聯瓦解後帶給北韓災難性的後果，當地的經濟也跟著崩潰。以此類推，估計一九九〇年代的經濟力陡跌了將近一半。

擔心會如同當時其他的共產國家一樣，政權走向末日，北韓在這段期間，不論內外都更加封閉了，卻錯過了開始尤其是在農業方面的自我改革。接著同一時間，淹水和旱災爆發，導致嚴重的農作物欠收，政府再也無法維持人民的糧食分配，便暫停了供應。同時，很長一段時間他們還拒絕外國救援，不讓救援進入國內，後果是饑荒的出現。根據不同的推測，大約有一百萬北韓人餓死。

就算糧食運送到了國內，軍隊也會將大部分的援助物資扣下，轉賣給自己人。軍隊的生存，同時也是金政權的維持，甚至在這個時間點，也比數百萬條受飢餓威脅的人命還要重要。這說明了這個國家奉行的國家主義，也許還解釋了，爲什麼對北韓的制裁，至今尚未造成政權的損失。此地的一切，看似都以金家王朝的生存爲目標。個體的幸福，或甚至僅僅想要存活下來，則一點也不受到重視。

儘管如此，這場饑荒顯然在北韓人的集體記憶中烙下了深深的痕跡。那是一道幾乎不能公開談論的創傷，改變了許多人看待國家的目光。不論如何，那些逃離北韓的脫北者是這麼說的。這個史達林主義國家的承諾，一方面保證全面照顧每一個個體，另一方面又以此來要脅絕對的服從，這次的饑荒後，似乎顯得國家不再值得信賴。這次中央經濟計畫的崩潰，在一九九〇年代讓北韓人見到，他們無法信任政府，必須自力救濟。

這段時間內，北韓首度形成市場。大家可以在市場上交易，或交換生存所需的物品，最要緊的是米和蔬菜。如今市場已經擴大，北韓政府以懷疑的態度忍耐著。對國家而言，這些市場看似始終代表著價值的偏離，是那些對經濟不再視而不見的人民的自由空間，他們的自由空間原本不在國家主義的規劃裡。

金正日對此抱持著特別矛盾的態度。有段時間，爲了改善供應狀況與緩和聯合國制裁的效應，他很歡迎市場。其他時間，他又將市場的規定嚴格化，甚至試圖完全打壓。而金正恩似乎完全理解，他必須接受這些市場，透過稅收，這些市場甚至還有助於他呢。然而直到今日，來到這個國家的外國記者，即使獲准參觀市場，也還是只能瞧個幾眼而已。大多時候都是禁止錄影，好似這麼一來，他們就可以對外否認市場的存在。

二〇一〇年起，北韓國家核准的市場數字已倍增至逾四百個。這些市場通常都有屋頂，而且早就不只賣米和蔬菜而已。鮮豔的三角旗、北韓國旗與氣球之下的販售廳，除了食物以外，還供應了衣服、玩具、電鍋、電動刮鬍刀、化妝品、智慧型手機和ＤＶＤ播放器。曾在類似市場工作過的脫北者說，特別受歡迎的是南韓的流行服飾和電視連續劇的ＤＶＤ。兩項商品基本上都是禁品，只是詢問度非常高，小販可以開出很高的價錢。正是這些南韓的電影和連續劇，爲這個數十年來持續封閉的世界，打開了一扇對外的窗扉。許多人這才首度認識到南韓的日常生活、國家有多富裕、當地的社會有多自由與民主。

如太永浩之類的脫北者從中看到市場的兩個面向：對世界的開口以及計畫經濟秩序的危機訊號。「北韓是個社會主義體制，對此類體制的期待，有糧食配給和足以維持免費學校教育與醫療照顧的月俸等。」金正恩卻無法遵守社會主義的諾言，無微不至地照顧人民。「整個體制從中瓦解。」太永浩說。有鑒於照顧情況艱難，金正恩必須默默地忍受市場。「人民只有去市場販售，才能夠存活。」警察收取費用，然後視而不見。若他們執意要關閉類似市場，小販經常會挺身反抗，因爲他們只有這麼做才養得起全家。這些都是出人意料的公民不服從的特徵，以往從不曾出現過。

由於市場對北韓而言是一道禁忌的議題，想要分析市場角色的研究人員，就必須特別有創意。約翰．霍普金斯大學的美韓關係所的一份研究中，分析了一些商業衛星圖像，目的是要研究兩千年以後的發展。藉著谷歌地球軟體的幫助，調查分布在十二個北韓城市市場的擴張狀況。從衛星圖像中可見，尤其靠中國邊界以及國土西邊的港口城市的衆多市場擴大了。那些地方大概有來自國外的商品。國土南方的市場則特別寬廣，很有可能因爲那邊的地形平坦，比起山脈起伏的北方，有更多的農業。位於首爾的韓國統一研究院估計，北韓兩千五百萬人口中，有一百一十萬人在市場當小販或是管理人。

除了當局包容的市場外，北韓還有黑市。足球賽前，小販從單車上拿出球迷商品販售。在街道兩旁與合法的市集邊上有流動攤販供應商品，也就是所謂的「草蜢」。會這麼稱呼他們，是因爲警察來盤查或趕人時，他們可以很快就打包好東西，一溜煙地逃走。建築物中也有類似的地下市集，販賣自行烘培的麵包、點心，或是衣服、鞋子。

事實上，北韓自一九九〇年代以來市場的成長，讓許多國外觀察家十分振奮，因爲他們在史達林主義體制內部，見到資本主義發展的核心。不久前，南韓情報局局長在一場與議員的秘密會議中報告，大約有百分之四十的北韓民衆，他們的收入是來自私人的商業行爲。其程度大約可與柏林圍牆倒塌前的匈牙利或波蘭相比。

在當地市場上販售的食物，一部分是來自家族自己種植的農田中，允許保留下來的收成。北韓很特別，一直以來都是集體農業。但漸漸地開始多了一些規定，根據規定，來自所謂的「庭院」裡的收成，可以保留給這個家庭。類似庭院的合法大小，近年來甚至更爲擴大。一些觀察家認爲，當地農業改革的種子已經發芽了。但事實上，在金正恩的領導下，私人耕種的農業面積大小並未明顯擴大，還有許多停滯不前。國家並未眞的放掉史達林式的完全權力。而很多似是而非的改變，也許是因爲外界過度期待，而寧願將之當作改革來看待，但實際上只是拜統治上的實用主義所賜。

然而這些經濟體制的改變，的確爲北韓的社會與生活帶來了影響。任誰不想再日復一日……這麼說好了，不想在鐵工廠或成衣廠工作，絕望地老去，凍結在階級制度中，溺死於黨思想裡，而是想要每天在市場上碰碰運氣，這個人看國家與世界的眼光一定也會跟著改變。曾在市場工作過的脫北者口述中，一再出現這個說辭：「上面的人沒爲我們做什麼事。」說不定這裡發展出的是一種內在的逃避體制。

市場上大部分的小販都不會變得有錢。倒像是今日想要在北韓生存的人，除了國家的工作以外，都必須想辦法獲得另一筆收入，也就是副業，而通常副業可以賺得更多。有一些人大概因此富裕了起來，他們如今在北韓甚至有了一個稱號，叫做「錢主」。他們已經很久不用做買賣了，有部分的人經營工廠或其他的行業。若金正恩在平壤爲了拼面子，要蓋新的建築，就會期盼這些「錢主」貢獻金錢。相反地，他們可以換取自己做生意的批准和特權。這些「錢主」在平壤尤其可見，他們在昂貴的商店購買來自西方的進口商品，或是在餐廳用餐。他們的晉升顯示，除了「出身成分」外，逐漸又升起了另一種社會階級制度，即貧富階級。

此外，國家中央計畫的緩慢瓦解，還帶來了其他影響，門面之後的強大極權統治，變得越來越貪腐。根據貪腐指數顯示，今日的北韓是世界上最貪腐的國家。

「錢主」利用此點來做生意，追根究底，每個人都在推波助瀾，因爲只有如此，才能在這個國家存活，至少太永浩是這麼說的。

根據馬克思主義的描述，經濟與社會基礎的變遷，就算變化不是太大，最後也會導致上部結構，亦即政治體制上統治結構的改變。然而北韓的思想已從馬克思主義脫節，血液裡鼓動的是自己的國家主體思想。而強大的鄰居中國，目前爲止已作了示範，徹底的資本主義經濟體系與原始徹底的列寧式統治體系，是極可能並行運作的。平壤與北京政府非常清楚，只要經濟體係持續爲黨權力做出貢獻的一天，那麼就該任憑爲之，不過同時黨特權與統治是不容一秒鐘的質疑。因此，經濟變化於平壤社會中，最多作用在表皮之下，服從與分類依舊是金家思想領導原則的特色。

一大清早就可以在平壤感受到此點。一首歌曲響徹全市，迴響在高樓之間的縱谷，人煙尚未出沒之際。這首曲子是陰沉又怨聲載道的合成音，透過門窗，無孔不入地鑽入臥室。從首都遍布四處的擴音器，傳出這首環繞周遭的怨曲，將還在夢鄉裡的人搖醒。「親愛的將軍，你在哪裡？」這就是兩千五百萬住民的起床號。

這首歌是由北韓政治宣傳樂團「普天堡電子樂團」所演奏。一九七〇年代初期，金正恩的父親金正日親自爲他們的愛國歌劇「黨的眞女兒」譜曲。內容是關於朝鮮戰爭中的一個護士，她和一部隊的受傷士兵試圖抵達金日成將軍的司令部，傳達給他一個重要的消息。護士唱道：「如父親的將軍在哪裡，他一定坐在司令部泛著燈火的窗戶裡，可能在哪裡呢？」她並未成功找到金日成將軍，因爲途中她便遭到美國士兵的射殺。這齣奉獻生命給偉大領袖的護士歌劇，對政權而言，正好是適合作爲給人民的晨訊。

在自由社會中，公共與私人生活是分開的。當然，私人空間也不是完全隔離開來的，就算私人空間中，規則依舊有效，尤其是刑法。不過，如德國等國家認爲，私人空間應享有特別的保護，這個空間是基本上只要每個公民想要，就可以回到的場所。就算在中國，獨裁的共產黨也讓公民享有一定的隱私，只要他們不要跟黨的統治要求作對。然而，北韓並無此分界。政權的要求就是全部，這就表示，包含了生活中的所有領域，連最私密之處也不放過。

清晨半夢半醒之間，這首護士怨歌鑽入腦裡，在裡頭刻下印記，而且當然不會停息。從小到大，北韓人就必須遵從體制。從還是嬰兒時，就烙印上的「出生成分」開始，接續到幼稚園與學校。兒童時期就開始聽說國家的敵人：美國的帝國主義者、日本的軍隊與南韓的間諜組織。十歲就要參加所謂的「少年團」群眾組織，加入時，這些兒童必須向金日成、金正日與金正恩宣誓效忠。接著經常還有青年同盟、婦女團、勞工團、農夫團等團體，有一些人還參加朝鮮勞動黨。所有組織中都有集會義務，成員必須於集會中學習國家思想。

雖然朝鮮憲法承諾人民某些權利，但實際上並不會落實。許多人甚至沒有在北韓國內移動的自由，更遑論離開國家。言論、集會、媒體自由也很少受到保障。甚至音樂方面，不管是那類型的音樂，只有國家批准、認定它是好的，才能通行。外國音樂是禁止的，只要抓到聽南韓流行音樂的人，就一定逃不了懲罰。

人權組織與聯合國於不同報導中，再三譴責北韓嚴重侵害人權。其中提到的經常是政治犯的勞改營，而北韓政府駁斥勞改營的存在。然而，聯合國委員會於二○一四年做出另一項結論，根據前守衛、犯人與周遭居民的說法，證明勞改營仍持續運作。衛星影像上，也可證明營區的存在。犯人的總數尤其因爲當地極高的死亡率而下降。究其原因爲：有系統地餓死、強迫勞役、極刑、拷打、強姦等。聯合國委員會估計，過去五十年以來，應有數十萬人在類似營區內失去性命。聯合國專家表示，目前還有八萬至十二萬名政治犯，囚禁在四個大型營區內。

就算是第一眼看來開放的地方，實際上也有更升級的監視與審查在等人上鉤。我們漸漸見到越來越多的行動電話，尤其是平壤的路上。約兩千五百萬人口中，應該有兩百五十萬人擁有行動電話。與大多數國家相較下來，還算是很少見。但至少代表了國內人民之間的通訊已然晉級，北韓國內的資訊障礙也逐漸打破了。我們經常將行動通訊、網路，當作帶動社會現代化的事物。假使平壤街道上有越來越多的人用智慧型手機通話，或使用封閉的北韓網路，最終也代表了往政治改革的道路前進，不是嗎？

但事實上，朝鮮國早就已經瞭解到，運用正確的工具，更可以全方位地監控數位通訊。「只要他們提供人民使用新型網路科技如行動電話或平板電腦的管道，北韓政府就擁有了監視與控管的機會，其範圍比我們從任何其他獨裁國家中所見的都還要廣大。」由美國政府贊助，跨媒體研究所一項針對北韓媒體運用的研究中是這麼說的。在北韓，電腦與行動設備有強制性的軟體更新。更新會掃描用戶儲存的媒體中來自國外的禁播影片，例如最受歡迎的南韓電視劇。他們的作業系統「紅星」，會根據標題掃描文字文件，看起來對政權是不當內容的，就立即刪除。

國家監視機構，特別是國家安全保衛部，並不會失去干涉人民的機會。反之，他們利用電子革命，來建立北韓版本的「老大哥」——一種全新、電子化的獨裁。

每回我們試圖在北韓街頭採訪行人，我總隱約有股感覺，這些人似乎對採訪頗有自知。我們的監視者當然隨侍在側，有時我懷疑，他們只有在事先已經決定好，誰可以或多或少「碰巧」經過的時候，才讓我們發問。也就是說，有些行人會經過好幾次，例如，有時那個人獨自走在去工作的路上，另一次則和女人同行。回答我的問題時，選詞用字都精準遵循國家路線。此時我不得不想到一句朝鮮諺語：第一個探出頭，第一個遭砍頭。

我在其他情況下也經常想到這個句子。我們和監視者坐在羊角島酒店最頂樓的旋轉餐廳，平壤就在我們的腳下。穿著整齊制服的服務生端上韓國烤肉和啤酒，有點令我聯想到柏林電視塔裡的餐廳。此情此景本來應該很放鬆、很解脫才對，三個小時後我們就要前往機場，飛回北京。在監視者看來，拍攝和訪問一切順利，沒出太大毛病，但他們並不放鬆，反而相當緊繃。我的美國籍攝影師托比掉了簽證。更確切地說，我們剛才從酒店取回護照時，簽證那張紙已經不在護照裡了。

北韓使館或領事館，對美國人不像對我們德國人一樣，不是將簽證釘在護照裡頭的一頁，而是另外附上一張簽證紙。我不知道這是不是對美國有特殊敵意的表現。不過現在這張紙不見了。這個時刻，感覺好似災難的輪廓突然浮現，彷彿漆黑的暴風雨烏雲醞釀在城市邊際的山間，從觀景餐廳上已然可見。美國人在平壤遺失簽證，也就等於沒有簽證。這是個麻煩，極大的麻煩。

我逐漸認知到是什麼向我們席捲而來。我還感覺到，監視者與我們保持距離，他們提出一些將過失推向我們的問題。更奇怪的是，他們之間也互相疏遠。每個人看來都忙著不讓這件事扯上自己。接下來兩個鐘頭內，不停地有人打電話，來回奔走。我們立即感受到，這些長官覺得發生這件事一點也不有趣。情況並不能由某個高層說：好吧，既然他已經入境了，那麼想必他一定有簽證，我們就直接讓他出境吧。外交部人員害怕邊界控管人員，而邊界控管人員又害怕他們軍隊裡的長官。在這裡突然可以瞥見，這個外界總認爲是死板且一絲不苟的國家，他們內部統治上的官僚作風。從外國來客的監視者到更高官階者，這些忠實的官員，顯然從上到下都害怕國家的迫害。

時鐘滴答滴答走著，最晚十分鐘以內我們必須動身，否則就會錯過飛往北京的唯一一班飛機。但還是沒有任何解決方法，沒有人知道，該怎麼應對一個在北韓沒有簽證的美國人。隨著每分鐘的流逝，問題越來越大了。一位監視者的襯衫上，有一條條深色的汗漬成形。我們又點了一輪飲料。突然間監視者問，其他人有沒有檢查過自己的護照？當然，檢查過了……嗎？我從提包裡拿出我的護照，打開——裡頭夾著托比的簽證紙。想必辦理住房手續時，接待處把這張紙放錯地方了。旅館人員的疏忽和我的大意。簽證再度出現後，有個監視者，彈起了餐廳裡一架走音十分嚴重的鋼琴，感覺像他需要自己先靜一靜。而他的放鬆又再一次地向我證明，剛剛的情況有多危急。將近兩個鐘頭的時間，我們得以一窺深處，好似聽到了北韓官僚體制陷入困境時，不安的空轉聲。

我們坐上開往機場的巴士時，有多少士兵包圍著酒店站崗，又再度落入了我的視線。平壤街上隨處可見身著制服的人，但是這裡的樣子，好似部隊想要再次特別確認，每個人都確實坐上了巴士。我又想到了火炬遊行時那些躲雨的將軍，還有在平壤戰爭博物館遇到的崔雲聰。她大約二十多歲，身穿一身橄欖綠制服，帶領我們穿梭在北方觀點的朝鮮戰爭展覽之中。年輕的小姐，從未體驗過這場戰爭與其可怕之處，卻與國家對戰爭的政治宣傳一起成長，口口聲聲地宣稱，美國和南韓間諜至今仍埋伏在四面八方。那裡有美國士兵遭到殺害相當露骨的畫面，但是崔雲聰似乎一點也不介意。相反地，她邊笑邊說：「畫面展示了戰敗者所受到的懲罰。」戰爭中，兩方人馬都會有將對手去人性化的行爲，唯有如此，殘忍的罪行才有可能進行。但令人難過的是，崔雲聰的導覽讓我們看到，在平壤，他們將類似的去人性化，繼續傳承給年輕世代。像她這樣在徹底軍事化社會中成長的年輕人，他們的力量之所以凝聚，大部分是出自對外來陰險威脅的強調。崔雲聰在博物館裡服完了她的部分兵役。北韓女性需要服三到六年的兵役，男性甚至要十年，年輕人生命的輝煌時期，北韓人是在軍隊裡度過的。

巴士離開平壤時，再度經過了農夫跟在牛車旁的農田。我們全都鬆了一口氣，美國人在平壤沒有護照的問題已經解決了。我腦中迴響著一些問題，爲什麼在北方，到處都瀰漫著朝鮮戰爭和對美國與南韓的敵意？爲何從未成功化解這些敵對意象？早在川普當上總統之前，有時候，敵意感覺上甚至更強烈、更具威脅。爲何如此？南韓看法又如何呢？南方對核武強權北韓又有何見解呢？

Chapter 5

南北韓分裂與南韓所扮演的角色

野芝麻長到胸口高，李永圭站在田間小徑旁。他扯下一把手掌大的葉子，將香氣深深吸入胸臆。對韓國人而言，芝麻是奇蹟作物，葉子有治療的力量，李永圭說，「你一定要試試用芝麻葉包著韓國烤肉的吃法，那是最棒的。」他露齒一笑，眼光眺向一個正在芝麻作物間除雜草的農夫。李永圭，六十歲出頭，個子小而健壯，是個永遠充滿行動力、精力、勇氣和信念的人。但在他身上有什麼發生了改變，恐懼緩慢悄悄蔓延到他身上。這份恐懼始終存在，而他藉由許多辛苦的勞動來排遣。

鳥兒嘰嘰喳喳飛越廣闊的稻田。越接近收割時，顏色就漸漸染得更黃。若此地沒有瞭望塔，若農夫後方的斜坡上沒有高高的鐵絲圍籬綿延，南韓的雲泉，本來應該是個和平的地方。只要一接近那生了鏽的圍籬，南韓軍警就會立即駕著吉普車奔馳過來。懷疑地盤問，請我們離開，還目送我們很久，最後用無線電對講機通話。

突然間雷鳴聲大作，撕裂了這幅田園風光，接著出現一道尖銳的嘶聲，好似有什麼劃破空氣。我們不由自主地抱住頭。「坦克大砲，」李永圭聲音沙啞地說，「他們又在我們這邊演習了。只要情勢一緊張，他們總會這麼做。」他現在已經能夠從大砲鳴聲中，聽出南韓坦克發射的砲彈口徑。他並不爲此感到自豪，他只是知道，如同他知道芝麻葉的作用一般。這是他日常生活的一部分，他在南北韓邊界的灰色地帶生活的一部分。

鐵絲網、稻田、軍警，打從李永圭會思考的那天起，就是他的世界。他的父親在朝鮮戰爭之際逃離北韓。他來自鐵山郡——青翠的山丘、橡樹與松樹林、一戶農家，地平線上可見到黃海。李永圭的父親無法忍受失去家鄉，他想要儘量靠近北方居住，就算他現在已經超過九十五歲，幾乎無法奢望再度見到故鄉，也還是一樣。李永圭從未眞正理解過這一點。他痛恨分裂與砲鳴，寧願住在其他地方，首爾、加拿大或法國更好。「哪裡都行，」他邊說邊往邊界圍籬的方向看，「只要可以放鬆生活，沒有類似的煩惱和恐懼就好。」

偶爾李永圭會帶他父親到圍籬附近，他們一起眺望非軍事區，那四公里寬的邊界地帶，沿著北緯三十八度，將南北韓隔開。因爲幾乎不允許任何人踏足此地，大自然便恢復了原有的樣子。地平線那端有翠綠山丘，就如同鐵山郡，有時水鷺站在臨津江河床上，山丘後靜靜躺著北韓。「我的父親總會流淚，」李永圭說，接著沉默了好長時間，此時他的狗對著圍籬吠了起來，「然後我會感染到他的心痛。」

我們不需要太多想像力，就能體會這股心痛。許多段邊界，繫滿了狹長的各色布條，上面寫著祝福，獻給圍籬彼方那些遙不可及的親戚。仲秋節時分，南韓人帶著食物，擱在圍籬邊，如此一來，至少可以在心意上和北方親戚共進一餐。或者他們會去家族墳墓，奉上裝滿食物的盤子，鞠躬打招呼，景象感傷。李永圭說：「仲秋節特別嚴重。老人家特別難過。」他們站在圍籬邊，一動也不動地眺望遠方，好像目光可以抵達彼方家人居住的地方。

東西德分裂之際，我們至少能夠從西德去東德拜訪，有一些人也能從東德來到西德。有某種形式的邊界交通，可以穿過兩德交界的無人地帶。韓國不一樣，他們的分裂是全面且無情的。那裡曾經發生過一件大事，二〇〇一年三月，他們在非軍事區交換家族信件，分開的家族甚至得以相見。數十年沒見，他們面對面站著，幾乎無法相信這個時刻眞的到來了。其中有人笑，有人則毫無保留地嚎啕大哭，還有一些人震驚得說不出話來，因爲他們不知如何應付這種氾濫的情緒。這次相見的殘忍之處在於，維持的時間極短，然後大家必須回去，不知道下次何時能夠再見，或是否能再相見。南北韓分裂拆散了衆多家庭，撕裂了許多人的心。

「小蝦米對抗大鯨魚，屍骨無存。」一句朝鮮老諺語這麼說。首先，放眼世界與韓國本身的歷史，若韓國是小蝦米，那麼誰又是大鯨魚呢？一定是中國。自信又獨立的朝鮮王朝，曾經每年向中國皇帝進貢。那邊是皇帝，這邊是國王，箇中差異一看便知。十九世紀末，日漸強盛的大日本帝國，對朝鮮的影響越來越大。或更精確地說，日本一步步取得了朝鮮的統治權。朝鮮王朝末日來臨，一九一〇至一九四五年，王朝正式成爲日本殖民地。對韓國而言，這是一段充滿創傷的時期，因爲殖民強權試圖殘忍地實施日本化：韓國的王宮被摧毀，許多地方不再允許說韓文，有時候就連韓國姓氏都要改成日本姓氏。二次大戰期間，韓國人被迫在日本工廠勞動。上萬名韓國女性被日本軍隊徵召，成爲所謂的慰安婦，事實上就跟強迫召妓沒有兩樣。對日本而言，韓國是征服中國的一座橋，此外不具任何意義。韓國夾在中日兩大鯨魚之間，正是二十世紀初的情勢。

情況在一九四五年八月，二次世界大戰結束日本投降時改變。紅軍進入韓國北部，跟著不久美軍亦進入南部。與德國類似，韓國的情況是依占領區分割成兩個部分：北邊受控於蘇聯，南邊歸美國。大約沿著北緯三十八度線切割，形成今日的南韓與北韓。又是兩條鯨魚。不過，一開始是打算暫時分割，韓國應該很快就要統一。不過應該如何實現，蘇聯和美國無法達成共識。兩鯨相爭，正是冷戰。也因此，依照諺語的畫面，不久就出現了兩隻蝦米。

金日成是蘇聯的人，他是抗日游擊戰士和共產黨人，曾在滿洲對抗日本作戰，才剛回到韓國。在南方，美國任命的是李承晚，他是個堅決的反共人士，於日本占領期間長期住於美國。一九四八年八月，南方宣布成立大韓民國，以李承晚爲第一任總統；一個月後北方成立朝鮮民主人民共和國，奉金日成爲領導人。不久後蘇聯宣布，金政權擁有韓國兩個部分的主權，而反過來，美國只接受南方政府爲兩個韓國的合法代表。兩個國家當時都不民主。金日成在北方以蘇聯模式建立人民共和國，李承晚在南方領導的是獨裁的共和國。解決分裂問題，不論在南北兩方都是政治重點目標，當然各自都要以本身的領導和政治體制爲統一的基礎。這條死胡同直到今日依舊存在。

南北兩韓雙雙建國後不久，蘇聯和美國就將部隊撤離朝鮮半島。此時第三隻鯨魚也出現了，或說，牠又重新浮出海面。中國紅軍於一九四九年的血腥內戰中，戰勝了國民黨，毛澤東與中國共產黨成爲北京的新主子。而中國看待朝鮮的眼光絲毫未曾改變。毛澤東對於金日成以暴力統一韓國的計畫沒有異議，他相信，美國「犯不著因爲如此小的區域打起第三次世界大戰」。金正日向南方開戰，之前就已獲得史達林的同意。史達林在一封電報裡轉告毛澤東，應該同意韓國人的建議，現在以統一韓國爲優先目標。

金日成以爲這會是一場快速輕鬆的勝戰。蘇聯已做好運送武器、軍火與技術設備的準備，攻擊計畫早已跟莫斯科與北京商議過了。但是他們的期待落空了。在戰況連連告捷、北韓幾乎征服了整個半島之後，美國帶著聯合國的委託，介入了這場戰爭。在美國將軍道格拉斯·麥克阿瑟的指揮下，美軍登陸首爾附近的仁川，將北韓人逼退回到北緯三十八度線，使得情況又回到了戰前原本的狀態。不過現在華盛頓政府還打算使用「推回」政策，也就是將共產黨目前勢力所到之處往回推。美國總統哈瑞·杜魯門決定，讓軍隊繼續往北方前進。這導致了中國參戰，中國有十萬名所謂的「自願」戰士幫助北韓。蘇聯雖然不公開介入戰爭，卻私下盡力幫助北韓。許多人視當時情況爲代理人戰爭。在德國出現了恐慌性採購，因爲人人害怕第三次世界大戰爆發。

中國的參戰讓美軍陷入嚴重困境。此情此景下，麥克阿瑟要求動用三十四顆核彈來對付北韓、滿洲和中國其他區域的目標。這代表了朝鮮戰爭將擴大到中國，而常規戰將變成核子戰。不過麥克阿瑟無法將之付諸實行。跟中國開戰是「錯誤的戰爭、錯誤的地方、錯誤的時間、錯誤的敵人」，美國華盛頓參謀總長奧馬爾．布雷德利將軍這麼認爲。麥克阿瑟遭到撤換。但是他的想法卻持續醞釀並帶來影響，無論如何，朝鮮半島的核武恫嚇並非北方金氏首創，而應該說是他們從美國抄襲過來的。

這場戰爭結算下來結果非常驚人。陣亡人數統計結果差距很大，因爲至今仍然不是很清楚，到底有多少平民死亡。估計總共大約落在三百萬韓國人左右，其中三分之二是北韓人。西方的文獻猜測，有四十萬的中國戰士陣亡與三萬七千美軍士兵陣亡，其中大多數都是美國人。美國空軍將北方的城市炸得片瓦無存。韓國風景成爲一片廢墟，國土深深地分裂開來。韓國人相互犯下殘酷的戰爭罪行，至今仍未經任何的反省與思考。

李永圭住的地方離戰場不遠，最後雙方人馬曾在這戰場上，打過一場可怕的陣地戰。房子裡有一件晾著衣服的空房，可以聽到隔壁傳來電視聲。李永圭的父親正坐在那看歷史影片——一個老態龍鍾的男人，不惜代價要住在邊界的灰色地帶，只爲了統一時能夠儘快搬到北方，重返鐵山郡。對這個家而言，一定是很爲難的情況。李永圭的太太想要搬走，搬離這個充滿砲鳴與北方傳出的政治宣傳擴音器聲音、就算隔著密閉的窗戶還是聽得到的地方。他父親則反對。兒子說：「我不能違背父親想要待在這裡的意願。」

如今他太太去首爾工作，只有週末才會回家。李永圭經營父親的農莊，這段期間中，他成爲了地方的村長。李永圭說：「我已經習慣了。」但是人人都看得出來這不是眞的。房子空蕩蕩的，他的兒子與女兒都已經結婚並搬走了，他不常見到他們。牆上掛著幾張全家福，太太身穿韓國傳統服飾，父親坐在前排正中央。我和李永圭站在相片前，我心想，在獻給攝影師的這一瞬間後，南北韓分裂和這條邊界，又將家族扯的四分五裂。其中一人想要儘快離開，因爲她再也受不了了；另一人身不由己只能留下，好似他需要這份痛覺，才不會遺失記憶。

李永圭住的地方，房子密密麻麻地擠在一起，門前屋簷上還生長著瓜類作物。一條往非軍事區上去的筆直道路，是在朝鮮戰爭之後開通的。橫跨臨津江的大橋前，放置著黃黑相間的拒馬，還有許多南韓軍警站崗。他們檢查我們的護照，並對照一張清單。只有持有特殊許可，才可以進入這個區域。在我們過橋之前，警衛還說：「不准拍照。」

這條路鋪得很好，一路上再三出現標誌出北方地名的路標，正因如此，好似完全沒有分裂的情況。其中一個出現的地名叫做開城，那裡有一些工廠，是由南韓企業經營，僱用著北韓的工人。製造紡織、家用電器，供應南北韓與中國的汽車零件等。這個地方透過貿易而起了一絲變化，曾經是希望所在之處。路標上寫著，十二公里後左轉。開城，北韓境內的經濟特區，兩韓小心翼翼接近的象徵，失敗了，二〇一六年在北方的一次導彈試射後，南韓將工廠關閉。所以不能左轉，要繼續前進，穿越房屋高的鐵絲網大門，進入邊界區的唯一一個南北接觸的地點。

共同警備區位於非軍事區的中心點，是一個奇特的地方，異常安靜。三個藍棚屋前有南韓軍警站崗，就算在雨天，他們還是戴深色太陽眼鏡。軍警岔開雙腿以某種跆拳道姿勢站立，兩臂彎曲，拳頭向前，好似隨時準備接招。他們凝視北方，北韓軍人站立的位置；北韓軍人則凝視著南方，宛若一場荒謬的凝視大賽，誰眨眼，就輸了，也許正因如此，才需要太陽眼鏡。其中一個士兵是我們的地陪兼監視者。他自我介紹，上等兵姓李，他也戴著太陽眼鏡在這裡站崗，肯定有超過南韓男性一百七十三公分的平均身高。他的指示簡短又粗魯。這裡待五分鐘、不准指北方、不准打手勢、不准跨越水泥檻。

水泥檻是南北的界線，正好穿越藍棚屋中央。棚屋裡頭會議桌也放在界線的正上方。一邊的椅子屬於南韓，另一邊的椅子屬於北韓。桌上設有話筒，平壤與首爾的中央政府可以透過話筒監聽談判代表的討論——前提是他們得互相對話，但這不常發生。還有兩分鐘，李姓上等兵喊了一聲。棚屋裡可以到另一側，因此我繞著桌子走，然後站在北韓上。這不無聊嗎？同一個房間，同一張桌子，只不過是另一側。邊界總有些奇怪的特性，它拉出了一條隱形的界線，看來荒謬但卻又決定了一切。而在共同警備區裡，情況更不是普通的詭異。

共同警備區有兩面：一個安靜又緊繃的地方，讓人覺得好似朝鮮戰爭不過是結凍了起來，隨時都有可能再爆發。同時又是一個令人一再萌生希望的地方，希望可以解決這難解的衝突，希望可以從一九五三年在這張桌上決定的停戰形勢，衍生出眞正的和平。

朝鮮戰爭結束後，類似情景一再上演。每回親近的希望發芽，很快地就會出現反悔的情況，大多是北方不能信守承諾，以新的恫嚇來取代退讓。平壤的政治宣傳中，一直將南方詆毀成美國帝國主義者的傀儡政權。北韓的目標、他們一直稱之的和平統一兩韓，當然得要按北方的條件來。訴求尤其有：撤離美國軍隊、結束同盟關係、首爾政權轉換。一九五〇年代中期，金日成在一場演講中說，朝鮮勞動黨的角色是鼓勵南方人民革命。金正日於一九七〇年代中期訪問北京時說：如果南韓爆發革命，北方將不會袖手旁觀，他們是國家的一部分，並將會大力支持南韓人民。若南方開始打仗，那麼他們將堅決做出回應，一舉殲滅敵人。這場戰爭中，他們最多會失去軍事上的分水嶺，但可以贏得祖國的團圓。這次訪問的背後，金日成其實有更深遠的目的。他本人希望戰爭可以開打，因此請求已經病入膏肓的毛澤東同意，讓他出兵南方，希望中國在第二次朝鮮戰爭再度支持北韓。經過第一次的戰爭的蹂躪後，這還眞是個瘋狂的計畫。不過至少這次中國沒有答應。

北韓不會因此輕易受挫。他們扶持南方激進團體成形，希冀發生政變。金日成與他的後人，一直以來都理所當然地將南韓視爲類似叛國賊的國度，只有依賴美軍堅強的後盾才能生存。解決分裂的辦法在北方看來，最終還是得戰勝南方。有時情況看來，好似這段放鬆的階段是爲了要加強軍備，而不是眞要尋求和解。北韓自認爲是韓國的眞正代表，而金正恩完全依循著兩位先人的傳統，來促進兩韓統一。

二〇一七年的新年演講中，金正恩說：「珍惜獨立與正義的國際團體，應該要對抗危害朝鮮半島和平、阻止統一的美國與其僕人。鄰國應該要支持我們國家爲統一而做的努力。」金正恩的立場也停留在，平壤所謂的統一最後得要靠武力取得，正如他的祖父金日成嘗試過的一樣。

同樣的道理，邊界一直以來都是前線。而且這大概是世上獨一無二的邊界。就連德國國內邊界或柏林圍牆，都不能與其相提並論。柏林圍牆很殘酷，泯滅人性地對付試圖脫逃者，根據柏林自由大學德國社會統一政府研究聯合會的調查指出，圍牆至少奪走了四百六十六條性命。但是德國內部沒有開戰，沒有互相射殺或攻擊偏遠地區，沒有隨時可能爆發的小型戰爭。這些戰事發生在南北韓邊界已有數十年，很多事件都湮沒在氾濫的訊息之中，也許也是因爲，從德國人眼中看來，這些事件太過遙遠。事件內容是關於北方發起的交火、交戰、綁架、恐怖攻擊等。許多事件發生在邊界與非軍事區內，此外還有日本海海岸與黃海沿線所謂的「北方界線」，北韓並不承認這條界線。此地一再出現南韓漁船遭到攔截並綁架船員的事件。一九九九、二〇〇二與二〇〇九年，這個海域還出現持續數天的海軍軍船局部交戰。

此外，南韓自一九七〇年代起，就在邊界發現十多個隧道，北韓人顯然可以穿過這些隧道，神不知鬼不覺地攻擊南方。二〇〇三年報告給美國國會的一份資料判斷，光是一九五四年至一九九二年年間，就有將近三千七百名武裝特務由北韓來到南韓，目的是間諜活動、攻擊或是走私人口。北方曾經進行過特派任務，在一九六〇年代末期嘗試進攻南韓總統住所青瓦台，謀殺他。還有過以總統爲目標的炸彈攻擊，以及其他的攻擊嘗試，其中有位總統夫人遇害。來自北方的間諜潛艇在南韓東側海岸擱淺，導致對北韓特務長達一週的追捕。這些故事連驚悚書籍作者也難以想像。邊界隔開的區域，有如持續處於戒嚴狀態的戰爭地區。

當然也有反向進行的間諜與攻擊活動。美國國防部於一九七〇年代中期，委託美國國務卿亨利．季辛吉，在北韓大約進行過兩百次的南韓特派任務。即便如此，就算將數字四捨五入，也還是比目前所知的來自北方的任務少了許多。

這條邊界有多不普通，我也感受到了。我們拜訪完共同警備區的藍棚屋後，來到一座瞭望台上，站在從這裡可以看到北韓非軍事區裡頭的形象村。南韓人稱之爲政治宣傳村，因爲從那裡傳出的北韓政治宣傳話語會迴響在南方，而南方也朝著北方反向操作著同樣的事情。風夾帶著模糊不清的女性聲音吹過，接著是北韓的軍樂。這個村子很自豪，很長一段時間，他們擁有全世界最高的旗竿，上頭飛舞著巨大的北韓國旗。南韓的形象村距離此地不到幾公里遠，起初也有一根較矮的旗竿。大家可以笑他們荒唐，爲了出風頭，居然搞出這麼多荒謬的花樣。但不知爲何，在這個地方，笑聲很快就卡在喉嚨發不出來。

李村長也笑不出來。他住在邊界的灰色地帶，知道一些關於雙方在夜裡交火的故事，還有一些北韓的特務越過邊界而打了起來的故事。每回他步出房屋，留父親一人在電視機前，朝稻田方向行進，就會到達村子邊上那兩三層樓高、類似城牆的地方。某個位置有個通道，寬度正好可容一台車輛通過。看起來就像中古世紀的堡壘，只是沒有吊橋，不過有一些其他不怎麼古老的東西：城牆上方放置著底座很淺、很嚇人的長方體水泥塊。李永圭說：「若打起戰來，我方士兵將炸掉底座，水泥塊會掉下來，這麼一來，敵人的坦克就進不了我們的村莊。」李永圭當然也知道，城牆和水泥塊只擋得了一時北韓軍隊的進攻，只能爲他這個村長爭取一些時間。他有責任疏散全村，但是村裡大多都是老人家，他們走不了那麼快。「我當然擔心。」他說。

南韓應對北韓的戰後政策，以類似李永圭村莊防禦設施般的原則運作。朝鮮戰爭後，南韓和美國相互簽訂了共同防禦條約，條約內，包含了目前將近兩萬四千名美軍的駐守。一九九〇年代初期還在南韓配置有美國的核武。對北方的阻嚇與提供給南方的核子保護傘依舊存在，只是今日美國的核飛彈放置在其他地方。美國和南韓軍隊也會定期舉辦大型的陸海空共同軍事演習。對南方來說，這些演練是爲了防禦北方的攻擊；對北韓而言，則是爲偷襲他們的領土做準備，因此他們調度軍力或是以飛彈測試來挑釁。事實上，通常最重要的軍事演習在春天與秋天舉行，對北韓而言，也代表了田裡播種與收割時的人力短缺，因爲這些人手對軍事演習也是不可或缺的。情況較爲放鬆的時候，爲了不危及北方的收割，美國與南韓也會放棄軍事演習。但是目前的情勢則太過緊繃，無法這麼做。

對華盛頓政府而言，朝鮮戰爭後，南韓尤其是對抗遍及世界的共產主義之壁壘，因此也接受了他們的政權。這個政權也非常不民主，經常不顧人權。南韓的戰後史充斥著獨裁領袖，這些人將國家與北方嚴格做切割、打壓反對派與敵人、僞造選舉結果、中飽自己與同夥的私囊。南韓第一任總統李承晚緝捕共產黨員，謀殺了上千名黨員，直到一九六〇年，舉國上下抗議他僞造選舉結果，因此逃到了夏威夷。

不久後朴正熙發動軍事政變，接手南韓大權。在華盛頓政府的施壓下，他雖然同意選舉，但是一九七一年第三次選舉結果十分接近，再次出現了大量有關假選舉的指控，於是他宣布國家戒嚴，自己則成為終生總統。朴正熙執政時期，南韓經濟開始了驚人的起飛，將南北兩方之間的距離越拉越遠。其實，朝鮮戰爭剛結束時，拜蘇聯幫助之賜，北方自立的速度快得許多，得以迅速重建戰前既有的工業設施。直到一九七〇年代，在朴正熙的領導下，局面才緩緩翻轉，而南韓今日已躋身為世界第十一大經濟強權。

但是這個國家直到一九九〇年代初期，才擁有真正的民主。此後面對北韓的政策才逐漸改變。其中想法是，幫助蘇聯瓦解後陷入了艱難經濟困境的北韓，藉此拉近彼此距離。南韓總統金大中提出所謂的「陽光政策」，他於二〇〇〇年三月柏林的一場演講中闡述：「德國的統一與東西德在過去幾年間的關係，為我國的北韓政策做出了極具價值的示範。」這位南韓總統特別提倡類似韓國版的「東方政策」，目的在於透過溝通、對話、放鬆政策與和平共存來引起改變。

六月金大中甚至來到平壤。這是自一九四五年後，兩韓總統首度在高峰會上碰面。這個時期還出現了討論解除北韓核子武裝的六方對話，參與者有中國、日本、俄羅斯、美國與兩韓。只是陽光照耀的時間不長。北韓並未遵守諾言，北方又開始新一波的攻擊，而南韓輪到保守派政府掌權，他們的政策目標又重新回到透過強硬的制裁與持續孤立北方，以此促使平壤政權垮台。

數十年來的恫嚇與失敗的接近行動，宛若鐘擺在陽光與戰鼓間來回擺盪的政策，在在磨練著南韓人。他們早已習以爲常，泰山崩於前而色不變。自求學時期起，他們就熟悉警報演習，往防空洞跑，或是拉下規定的把手，套上防毒面具。以往坐在首爾東大門夜市吃炸餅配泡菜，若問韓國人擔心最近的飛彈測試嗎？有時有人幾乎會笑出來：你們西方人擔心什麼呀！平壤那些人不都一直這樣嗎？瞧，現在還未出過事呢——不過這想法正在轉變。

這段期間中，首爾開始流行起薩滿教巫師（벼락대감），向擔憂之人預言未來。會開戰嗎？張永軍一襲寬大的白罩衫，盤腿坐著，他搖起手鈴，晃著腦袋，試圖找出最好的答案。百分之六十至七十的客人會問他和北韓開戰的事，張永軍說，這是他的俗名，當薩滿的時候，人人叫他新世代的巫師。他說：至少，大多數人還沒開始囤積食物，接著爲了安全祈禱，他又點燃了幾根蠟燭和線香。

不過，已有一些人已經開始這麼做了。網路上對遭遇攻擊時給的生存建議的影片大受歡迎。其中有支影片是姜柔美發布的。她三十歲出頭，原本是搞笑藝人，但目前她對於搞笑有所顧慮。影片中可以看到她打包緊急求生包，裝進分包裝的糧食、手電筒、睡袋以及應付毒氣攻擊用的防毒面具。姜柔美說，她不能自己挖防空洞，但至少想要做這樣的準備，「這麼一來，也許我就可以活下來了。」

文在寅於二〇一七年五月當選爲新任總統，他承諾，首先要重拾陽光政策。只是在北方所有飛彈與核武測試以及金正恩的不斷恫嚇後，文在寅表示，目前和北韓對話毫無意義，取而代之，他開始大量擴充軍備。這個國家將建造自己的短程飛彈以及在邊界裝設其他的飛彈防禦系統。

南韓一些富影響力的人士甚至想要更多。在一場放眼首爾的大型研討會上，具英煥坐在現場。他身後是一面書牆以及曾經拜訪過此地的高階政治家的畫像。他面前則是南韓的國旗，以及親政府的國家安全策略所的標誌。他曾是金正日的翻譯，後來投誠南方，今日是安全策略所的副所長。他是那些一再警告別沉溺於北韓製造出的幻象中的其中一員，也就是寧願選擇砲鳴，而不選陽光的人。具英煥相信，若北韓持續這些行爲，那麼南方就必須思考，再度裝置美國的核子武器。他說：「和你們德國情況類似，德國也在美國和北大西洋公約組織的共同監視下設有核武。」具英煥的影響力極大，他徹底屬於那些還堅守著保守立場的人。許多人擔憂，南韓不能再單單相信美國的核武保護，而應該研發自己的核武。一九六〇年代他們就已經嘗試過，卻在美國的施壓下放棄。只是朝鮮半島緊張的情勢可能導致核子軍備競賽，各國都盡最大可能來增加自己的威嚇力。

當然早就不是所有南韓人都這麼看。光是美國在距離首爾南方兩百公里的星州郡裝設薩德反飛彈系統，絕大部分的人民就已經反對。文在寅總統則在搖擺不定一陣子後同意裝設。對那些坐在星州街頭抗議裝設飛彈的人而言，他的親和力已大打折扣，有些人還視他為叛徒。薩德反飛彈系統原本應該用來保護南韓不受金氏飛彈的危害，但星州人民卻害怕，他們反過來會成為第一個目標。天主教徒、佛教徒、老農與學生，共同堵住了入口的街道。小超市的圍牆上吊掛著寫著「美國滾開」的布條。三位天主教神父和幾個修女加上其他人在做彌撒，期間一位臉上留著稀疏的切．格瓦拉式鬍鬚的神父，布道聲音之大宛如獅吼。這場景幾乎要令人回想起德國一九八〇年代，北大西洋公約組織雙重決定時期，為了對抗華沙公約組織的核子恫嚇而設置的潘興二型飛彈。這是個老問題：一個擁有較少武器的國家，抗議裝置飛彈防禦系統，是否能夠維護和平？還是他們需要有效的防禦來對付金正恩？需要更危險的武器來抵抗恫嚇？

無論如何，世界上幾乎再無任何地區可比朝鮮半島，讓軍事專家草擬了那麼多可能的戰爭方案。就算不算入核戰、只計算正規戰，結果也是十分驚人的。因為大約擁有兩千五百萬居民的首爾大生活圈，直接位在靠北韓的邊界上，也因此處於北韓軍火的射程範圍內，六角大廈計算，以正規戰攻擊南韓，每日將取走兩萬人的性命；若是核戰，那麼還會出現更多傷亡。其中一方刻意開戰的危險性，目前並不高。比較有可能產生的狀況是，邊界發生原本以為是小事情的偶發事件，後來卻失去了控制。而當地曾經不只一次發生過類似的事件，這就足以證明，我們離的新朝鮮戰爭的失控爆發，其實不遠。

李永圭位於邊界灰色地帶的村莊，不久前挖了個防空洞，若是核彈在首爾爆炸，這個防空洞大概可以保護他們。他們村莊是第一個這麼做的地方，這段期間已經陸陸續續有其他村莊仿效他們。李永圭一邊推開防空洞沉甸甸的金屬門，一邊說：「這裡的每個人都害怕，就算有些人沒有公開說出來。」他在裡頭測試水龍頭，並查看存糧。他相信會再開戰嗎？「是，我認爲有可能。」李永圭說。如果金正恩的父親還活著的話，那麼情況會很不同，他比兒子有經驗多了。但李永圭擔心的不只是金正恩，還有其他在韓國史中不斷浮現的鯨魚。「如果各大強權本身的利益相互碰撞，那麼韓國很容易就會犧牲。瞧，我們是小國，總是任大勢力擺布。美國和中國爲了各自的利益玩弄權力，這是最令我們擔憂的問題。」

Chapter 6

制裁——北韓如何與之交鋒？

六架望遠鏡排成一列，放置在王小姐的小雜貨店前面，大約花兩歐元五十分，就可以眺望北韓。我轉了轉調清晰度的齒輪，突然間看到建國者金正日那張咧嘴而笑的臉。他的肖像懸掛在一座體育場的入口，上百名士兵在裡頭操練。風夾帶著口令與士兵聲嘶力竭的答號聲，傳到屬於中國這側的樹木繁茂的郊遊山丘，屬於北韓那側的山丘，看起來則十分不同。沒有樹木，光禿禿的，大概是爲了柴火的需求而啃了個精光。

北韓那側的城市叫做惠山市，中國這側我所站立的地點，則位於長白縣。兩地之間有鴨綠江流過，江水不到六十公尺寬，有些地方水淺，可以蹚水而過。從我所在的瞭望台看過去，可以見到前幾年才蓋的一座跨江橋。中國這側的最前方，聳立著關稅管理局大樓。北韓的貿易絕大多數是透過中國進行。物流通過這座連接著長白縣的橋，是金正恩的經濟命脈，少了它，政權就無法生存。

若位於紐約的聯合國安全理事會提出新的制裁，那麼涉及到的地區通常是長白縣一帶，生鏽的貨櫃車停在江水邊界一塊空地，積了灰塵，等待獲准過橋；另外還涉及了一條油管，油管起點是西邊幾百公里遠的中國丹東市，接著消失在鴨綠江下，再從北韓一側浮現；最後還有火車鐵橋，載貨火車負載著沉甸甸的貨物從上頭噠噠開過。

以往，貨櫃車在長白縣邊界排成一條長龍，江邊空地堆滿了貨物，令人忍不住要問，中國當時有遵守已經實施的制裁嗎？在裝著生鏽百葉窗的進出口公司前可以見到許多北韓人，他們身著剪裁寬大的藍西裝褲，衣襟上戴著金日成、金正日肖像的紅胸章，他們是商人，可以越過邊界做生意。總是兩人一組，如此一來一人可以監視另外一人。夜晚江中可以見到手電筒光線亂舞，正是走私販在來回運送貨物。如果他們好好犒賞警察，警察便會視而不見。

不過，情況顯然改變了不少。我們最後一次拜訪長白縣時，還是可以看到橋前空地有貨車，北韓商人也還在那，不過明顯少了許多。跨鴨綠江的橋上站著少許行人，卻沒有貨車。中國看似對金正恩與他一再表現出的新挑釁，失去了耐性。

二〇一五年，北韓出口貨物總價值爲二十八億三千萬美元，進口的商品則爲三十四億七千萬美元。至少當時大部分都是不受聯合國制裁的合法交易。北韓出口尤以煤炭與紡織品爲主。進口主要爲輸油、汽車、貨車以及紡織品用的特定紗線。這些數字亦呈現出平壞政府的問題。光是二〇一五年，就產生了六億四千萬美元的貿易結算逆差。這就代表北韓賒欠買入大量商品。以他自己的貨幣是付不起這批貨的，沒有地方會接受他們的貨幣，北韓因此需要外匯，只是要從哪裡獲得外匯呢？誰又願意貸款給這個金融孤立的國家？在聯合國制裁眞正落實下，誰又會對他開放進入國際金融市場的大門呢？

這些是制裁政策的中心問題，這麼多年來勸阻北韓核武飛彈計畫的嘗試，卻始終一無所獲。究竟北韓是如何應對所有禁止與而闖出一條生路的呢？至少現在是金正恩核武計畫延宕得最嚴重的時候。

自北韓於二〇〇六年首度測試核武後，聯合國安全理事會祭出一系列的制裁項目。首先他們想要阻止北韓取得武器，以及那些對研發與建造核彈或承載飛彈重要的產品。此外，還試著藉由禁止旅行與沒收外國財產，來將政權的權力範圍縮到最小。接著禁止有助於發展武器計畫的金融交易。排除在與北韓交易的商品清單，也逐步增加。現今還允許其他國家，只要一有懷疑，就算船組員反對，也能檢查運送的貨物，並在發現違規時予以沒收。直到二〇一六年，制裁才涉及北韓的礦產出口，也就是這個國家最重要的收入來源。二〇一七年八月起，凡是來自北韓的煤、鐵、錫以及魚、海產等，都禁止出口，一個月後還加上了禁止紡織品出口。此外，原油與石油的進口也受到限制。北韓勞工此後再也不准到其他國家工作。此外，美國、日本、南韓、歐盟以及其他國家，也各自做出對抗北韓的制裁。這是至今對平壤政府所做的處分中，範圍最廣的貿易限制。

所有這些制裁，最後目標都是一致的：要將金正恩逼上談判桌。問題是，這樣就能成功嗎？又或北韓會一如既往找到出路，讓制裁化爲烏有？

距離眺望北韓的望遠鏡不遠的地方，我遇上了一個和北韓做了好幾年生意的男人。他五十歲出頭，雙手有力，不費吹灰之力就能掌握一切：監視攝影機、警察、市民巡邏、北韓商人等。他是中國的走私大王，透過與北韓非法交易賺進不少財富。即使中國邊境地方有許多人，靠他的生意一併雞犬升天，他也不能夠公開談論此事。因此，我們秘密相約在一家餐廳的後包廂。菜單上有韓國烤肉，服務人員將煤炭填滿在桌子中間的坑裡。走私大王嘴角叼著菸，拿起一把大剪刀，準確地剪開肉。他知道該怎麼剪，他對這個地方很熟悉，認識每個該認識的人。

走私大王說，以前做生意單純多了。他給警察錢，告訴他們貨什麼時候會過江。警察負責將巡邏的時間錯開，或正好去休息。他將中國手機和通話卡、生活用品或衣飾運過去。從另一邊取得北韓油畫或風乾海參，這在中國是一道美食，可以賺進不少利潤。只要不走私武器或毒品，並好好犒賞警察一頓，就是筆很安全的生意。長白縣沒有大公司與工廠，貿易和走私一直都是重要的收入來源。因此市政府與周邊都睜一隻眼閉一隻眼。只有偶爾有北韓商人找麻煩，他們覺得自己讓人占了便宜，或是對商品不滿意。走私大王接著便會好幾天或乾脆幾個星期不去北韓。他說：「爲了安全起見。你不知道他們會不會在那裡給你設陷阱。」他談的是那些走私還有賺頭的美好老日子。

他突然把話停下。服務人員打開包廂門，端上啤酒與烤培根肉。走私大王將肉大方鋪上烤爐。服務生走後，他說，他現在一點也沒有大王的感覺了，只像個乞丐。警察不再收賄，他們現在盯得緊。沒有商量好的休息時間，反而出現了更多的監視器。很多走私販子離開了，因爲生意再也不划算。他堅持到底，因爲他還有另一份正式工作。但是他幾乎難以再渡過邊界。「我幾乎做不下去了。走私變得很少。」他說，接著從烤爐夾起一塊肉，肉烤得幾乎焦黑，要講的故事太多了。

會面後，我回到旅館，不久後四個警察和當地的秘密警察找上門來。他們想知道，我爲什麼和組員在邊界調查。在冷煙瀰漫的大廳中央，場景宛如審問。我一問三不知，很快就到了午夜，他們也累了，離開前還不忘告知，隔日早晨要再跟我談一場。我走回房裡時心想，中國越是公開承諾制裁北韓，顯然就越少人緊盯著他們的動作看。隔天早晨警察再回來之前，我們就動身離開長白縣。我們已經打聽夠了。

制裁成不成功，尤其取決於中國是否落實決議，並在邊界地區如長白縣或丹東市暫停物流。這個國家是北韓最重要的貿易夥伴，遠超過其他國家，超過百分之九十的貨物往來是出於中國。中國關稅局於二〇一七年公開的數字，顯示了北京當局這次較以往更認眞，九月出口到北韓比去年下降了百分之六點七，進口甚至將近下降了百分之三十八，是長期以來的第一次。

只是，不僅僅中國，印度、巴基斯坦、俄羅斯、菲律賓和泰國，也都與平壤進行交易，甚至德國也是。根據德國聯邦統計局的報告，二〇一六年我們賣給北韓價值五百七十萬歐元的商品，買入三百四十萬歐元。十年前，北韓首度測試核彈時，甚至還更多。當時北韓與德國之間的貿易量有現在的七倍之多，總計六千四百萬歐元（出口五千五十萬，進口一千三百五十萬歐元）。出口北韓的德國產品中，最大宗爲藥劑，大幅領先其他產品，接著是德國工藝產品：承軸、傳動裝置、齒輪、泵、壓縮機等。其中一些產品不論在民間或是軍事上大概都適用。是否眞有此事，德國聯邦經濟與出口管制局說明，北韓人過去對德國科技，確實經常有強烈的需求。

至於與制裁交手時，北韓本身多有創造力，聯合國調查報告中正好才揭露過。光是二〇一七年上半年，平壤政府就能夠繞過所有制裁，取得兩億七千萬元美元收入。據聯合國專家所知，平壤政府顯然在近東與中東地區，積極經營空中與陸上飛彈的武器生意，尤其在敘利亞。北韓利用國外的特務，爲國營企業經辦金融業務。制裁清單中的產品，透過第三國如馬來西亞或越南出口，或利用空頭公司，來遮掩貨物眞正的背景。此外，北韓還動用他的外交代表人員來籌募外匯。北韓一如既往，規避武器禁運與嚴格的金融與貿易制裁，報告中清楚確定顯示，「制裁範圍越擴大，北韓的嘗試規避的規模亦越成長。」

要找到可證明的例子，不需到遠方尋覓。就在柏林市正中央，離菩提樹下大街只有五百公尺遠，北韓大使館的所在——一個灰白大水泥箱，感覺就像東德時代的殘留物。一九七〇年代中期，北韓大使館入駐此地，與社會主義兄弟國宣誓友誼，特別在一九八四年，金日成第二次拜訪東柏林時，友誼成長到高峰。東德結束後，北韓仍保有這棟建築，二〇〇一年與德國建立外交關係後，這裡又成爲正式的大使館，只是規模小了許多。大使館本館遷移到原本用來當作北韓外交官及眷屬住所的附屬建築裡。龐大的主要建築則出租出去，如今裡頭是會議中心及旅館。

旅館外觀看起來相當荒涼。旅館經營者在當初樸素的灰色接待大廳裡，放上植物和藍黑相間的沙發組，天花板懸掛著同樣色系的裝飾框。裡頭還有一架三角鋼琴、一台玩具足球機檯，餐廳裡大型平板電視甚至現場轉播德國足球聯賽，爲旅館帶來一點亮度與親和度。只是通往房間的走道，以往曾是北韓外交官的辦公室，感覺既狹窄又陰暗。旅館以它位於行政中心的中央位置和十七歐元起的便宜房價來招攬生意。如南德日報、北德廣播公司、西德廣播公司先前報導所言，據說旅館每月支付三萬八千歐元房租給北韓。

平壤於全世界的外交代表早已聲名遠播，他們的任務遠超過在國外爲北韓的利益發言，還加上做生意以及賺取外匯。保加利亞首都索菲亞的北韓大使館，在鄰里間臭名昭著，因爲他們每週數次將空間出租給辦派對的。警方對這裡的噪音干擾無可奈何，因爲大使館區域屬於境外，位於他們的控制範圍以外。其他地方的大使館員工則與武器買賣或菸酒走私脫不了關係。

平壤於二〇一六年九月第五次核彈測試後，聯合國安全理事會祭出二三二一號決議，也涉及到柏林這家旅館。決議禁止北韓將境外土地，用來做外交或領事目的以外的其他用途。隨著決議的落實，我們原本以爲，聯邦政府應該會負責關閉這家旅館，來停止北韓的外匯收入。只是情況沒有那麼簡單。決議過後一年，旅館依舊還在營業，但據說他們不再將租金匯款給北韓。

就連日本也可以算進平壤的支持者內。表面上幾乎看不出來，但柏青哥店也是數年來金家王朝最重要的外匯收入。這些店家遍及每個大城市，全國上下共有超過數千家。只要一走進店裡，就會被聲勢浩大的上百台的機器以及煙霧彌漫的空氣所震攝。柏青哥是一種垂直的彈珠機檯，只是它不只用一顆鋼珠來玩，而是同一時間有非常多的小鋼珠射向遊戲區域。如果鋼珠落到特定的洞裡，機器就會吐出新的鋼珠。鋼珠越多，贏得也越多。最後可以把鋼珠換成現金券，再到附近的其他店家兌現，冗長又複雜，但在官方禁止賭博的日本就得如此。

大部分的柏青哥產業都掌握在日本的韓裔少數份子手中。他們是韓國人的後代，一九一〇年日本併吞他們的國家後遷居日本，很多人在二戰期間被迫在軍工廠工作。我們的確要稱呼其爲產業，因爲柏青哥店遠不止是遊樂場所，它是日本的權柄。根據摩根士丹利投資銀行調查，柏青哥店於二〇一二年共賺進一千四百三十億歐元的營業額，十年前甚至還超過兩千三百二十億歐元。也難怪，外匯極短缺的北韓渴求日本的這個遊樂場。

幾乎沒有人像朴斗鎭一樣，如此熟知柏青哥店與其背後的地下生意。他年紀大概是六十歲多一些，頭髮挑染成黑色，襯衫與細條紋西裝完美無瑕。我們約在圖書館見面，因爲在這裡交談可以不受干擾。然而朴斗鎭到場後，講話非常大聲，好似他站在柏青哥店的大廳裡。附近正在閱讀的日本人，把頭更深深埋入書裡。是呀！就算一直生活在日本，韓國人還是和日本人不同。朴斗鎭談起朝鮮總聯，意即在日本朝鮮人總聯合會，他成爲該會員已經很久了。一九八〇年代中期，平壤政府決定發展核武軍備，當時金正日要求，朝鮮聯會也應該要從日本運送必要的物資。朝鮮聯會決定用柏青哥店來資助，這些店老早以前就是韓國人在日本的地盤。

技巧非常簡單，朴斗鎭說：「要把錢扣下，柏青哥店要做兩本帳。眞實的收入和申報繳稅的收入，通常相差百分之十到二十。」另外一個留下錢的方法是，柏青哥店向北韓相關的金主簽下高利貸。朴斗鎭說，回扣經常運往北韓，由日本東邊新潟港口市往返北韓的船隻運送。直到一九九〇年代亞洲金融風暴發生以前，流通量特別的大。不過今日雖然已制裁實施，這些生意依舊繼續進行。朴斗鎭說：「表面上一切變得非常嚴格，但是很多都搬到檯面下了。雖然不像以往那麼大量，但依舊有錢流向北韓。」他估計，朝鮮聯會今年送了七十五億歐元到北韓，其中大部分都是來自柏青哥生意。

朝鮮聯會在東京的駐地是一棟九層樓高的灰色辦公建築，街上置有高大的柵欄及拒馬。旁邊停著兩輛日本警車。因爲北韓和日本沒有建交，所以這棟辦公大樓同時也是平壤的非正式大使館。鐵柵欄大門邊，圭祥正在等我，他是一個瘦小的男人，光頭且目光嚴厲。他領我們到寬敞的接待大廳，裡頭空無一人，一幅大型油畫霸踞其中，上面畫著金日成和金正日，黃昏時刻，喜洋洋地站在北韓與中國交界處天池前面。一間會議室裡，有七張椅子圍著桌子，椅背上擱著織布小毯。圭祥坐在桌子最前頭，他似乎是朝鮮聯會的發言人。圭祥說：「我們支持朝鮮民主主義人民共和國，我們在背後支持他們獲得幸福生活。」他一直稱呼人民共和國，而不說北韓。圭祥解釋，至於核武，當然沒有核彈、導彈的話，情況會更好。是呀！肯定如此，只是沒有核武就無法和美國協商。「朝鮮民主主義人民共和國這麼認爲，而我們從旁支持。」

朝鮮聯會會送錢去研發核武與導彈嗎？圭祥筆直坐在椅子上。「您指柏青哥店送給人民共和國的錢？」沒錯。「聯會無法對柏青哥店的商人指指點點，說他應該怎麼做才好。如果有錢送了過去，那麼那個人應該爲自己負責。朝鮮聯會與此無關。」圭祥如此宣稱，接著帶我們穿越依舊空蕩蕩的大廳，來到東京街頭。

朝鮮聯會這幾年來失去了許多會員，也喪失了影響力。朴斗鎭說，一些住在日本的北韓人，漸漸寧願自己把錢帶到平壤，而不靠聯會的幫忙。制裁幾乎無法阻擋他們。爲了酬謝政權，將這些錢直接給他們，北韓的家人可因此受到良好的對待。

不過聯會依舊扮演著重要的角色，也曾是數年來平壤核武計畫的重要投資者，這點是不容置疑的。日本政府在杜絕這類的金流上，採取的措施有限。

北韓取得外匯和武器的管道，大多數是由中國促成的，而且中國還在持續這麼做。有個地方我們可以看得特別清楚，生意是怎麼進行的。長白縣西方兩百公里處，邊界的鴨綠江匯流入黃海前不遠，坐落著丹東市。至少以中國的規模來看，這城市算是一座小城。三百萬的居民，大約有一半倚靠貿易維生。那裡有一座鐵橋、一座車行橋，可跨越鴨綠江前往北韓。旁邊還有另外第二座橋，只延伸到江面上三分之二處，終點是一座瞭望台——正是中朝友誼橋。這座橋於一九〇九至一九一一年日據朝鮮時期，由日本人建造，接著在朝鮮戰爭中遭美國炸彈摧毀。斷橋靠著中國那頭，爲了紀念遠超過兩百萬由毛澤東送往朝鮮戰爭幫助金日成脫離窘境、據說是自願的中國戰士，聳立著一座雄偉的紀念碑。事實上這些士兵大多白白犧牲，成爲美軍的砲灰。那裡站著的是超過眞人大小的中國傳奇將軍彭德懷，他身披披風手持望遠鏡，此人後來卻被打入地牢，毛澤東將他送入監牢自生自滅。他的身後有一部隊表情堅決的士兵，手持步槍裝上刺刀，向面前朝鮮的方向衝刺。將軍腳下用中文與英文寫著：爲了和平。如今和平卻偏偏擺在最後一位。

紀念碑展現的，正好和北京與華盛頓政府再三強調的不同，他們共同的目標，應該是要打破北韓的核子霸權幻想。中朝友誼橋的另一端，講的是另一套故事、另一種合作主軸。中國和北韓在此，共同爲對抗傳說中的美國帝國主義而衝鋒。中國爲了幫助兄弟，付出了昂貴的代價，而朝鮮戰爭結束後幾十年以來，中國從未背棄過北韓。當我站在這座氣勢驚人的銅像前，我自問，難道在鴨綠江面浮現的漩渦與漣漪下，沒有更有力的暗湧嗎？這些一股腦的制裁與北京方面的保證後頭，難道沒有做假嗎？

無論如何，站在橋的另一頭、昔日曾遭美國飛機炸彈擊中、今日是瞭望台與小雜貨店所在之處，那麼北韓已距離不到一百公尺遠。那麼近，令人不免要問，怎麼可能成功封鎖這個國家呢？而所有過橋前往北韓的貨車，又怎麼樣才能確保，他們只運送聯合國制裁允許下的貨物呢？

這天早晨我們在橋上待了足足有一個鐘頭。秋霧將光線染得白濁，江中心停著一艘微微傾斜的北韓船隻，沒人知道它到底在那裡做什麼。中國方向的地平線上，可見到拔高的公寓大樓及商場，北韓那邊則有幾個建自一九七〇或一九八〇年代的水泥廠房，還有兩支明顯處於靜置狀態的發電廠煙囪，因爲儘管空氣冷冽，仍無蒸氣可見。這個小時中，我數了數，大約有五十輛貨車過橋前往北韓。有時車流中斷，有時又連綿不絕，但是比起幾個月前已少了許多。不過若有人相信，聯合國制裁代表著與北韓的貿易往來完全中斷，那麼他可以在這裡上新的一課。

我見到一些貨車載著新輪胎，堆得滿滿比駕駛室還高出許多，還有一些載著長條型的鋼樑、管道、鋼軸或其他建築材料。還有許多貨車看不出來究竟裝了什麼，因爲貨物藏在帆布底下或是貨櫃裡。清晨一大早，我從旅館房間還見到了另一個方向、也就是來自北韓的貨車流。當時足足有三十輛貨車，在中國的關稅站稍做停留，接著消失在丹東市的城市交通裡。邊界的交通就這麼地持續一整天，直到市區天色暗下來後，貨車仍然在中國關稅局前大排長龍。大半夜地，來自北韓的貨物火車轟隆隆地將我吵醒；拂曉時分，一艘北韓貨船蒸氣騰騰地開過鴨綠江，船上裝著煤炭，至少遠遠望去如此，而北韓出口煤炭是被禁止的。

但如稍早所提，北韓如此靠近，有時令我訝異不已。我站在一艘航行在鴨綠江支流的中國船上，突然間我的中國地陪說，左岸就是北韓，右岸也是，其實這條河也是。我問：「那麼我們現在在北韓？」「是呀！我們在北韓。」

中國船隻可以在此航行，有一條特殊規定，只要我留在船上就沒問題。左岸上的北韓邊界士兵正在巡邏，一個男子坐在靠岸邊斜坡的一間矮房子前，士兵站在港口高牆上打量著我們。接著一艘小渡船從一岸交叉橫渡到另一岸，上頭載著一台小巴士、幾台單車、三個肩上揹著步槍的士兵。他們很年輕，其中一位發現我時眼神很驚訝，我們距離不到十公尺遠。他咧嘴笑了，我回敬一笑。僅一瞬間，接著他又迅速轉向其他人。我不禁想起幾位在我之前來到此地的英國同事，他們只有穿著防彈背心才敢上船。他們擔心北韓士兵如果發現自己被攝影，有可能會朝他們開槍。

我們不敢掉以輕心，畢竟邊界上曾經多次出其不意地擦槍走火，連遊客也曾斃命。另一方面，若一個國家如北韓般與世隔絕，表現得來勢洶洶且肆無忌憚，那麼大家很容易也會傾向妖魔化其人民。不過在丹東市，中國人和北韓人的關係一直很密切。中國人更感興趣的是，和北韓人做筆好生意。

這艘船的船舵前坐著傅長義，一條腿翹得老高，戴著細框眼鏡，眼神警覺，一眼看上去，說他像船長不如更像讀書人，不過實際上他是個不折不扣的生意人。「你想買北韓圓嗎？」傅先生問我，一套嶄新鈔票，三十元人民幣。我想買。我得到了一整套印有金日成頭像的紙鈔蒐集。我心想，眞有趣。在北韓，外國人絕不可能持有北韓貨幣，我們全都必須用美元、歐元或人民幣買單。但是在中國此情此景下，我首度得手北韓圓。「北韓的商人越來越少囉，」傅船長低吼對抗船的噪音，「跟以前沒得比。制裁搞得事情很困難。今年是有史以來最糟的一年。」船隆隆地開過北韓水域，傅船長說，夏天裡總有北韓人駕著小船過來，要賣東西給乘客，生活用品、破爛、還有受歡迎的海參，雖然這段時間海參也遭禁了。但是中國人發誓，他們認爲北韓的海參最好吃。

以往丹東與市場充滿了北韓的魚和海產，今日呢？清晨一早市場客人就擠得水泄不通，小販大聲喊價。攤子上有蝦和蟹，我問：「這些是北韓來的嗎？」小販一臉驚恐地說：「現在誰還敢啊？他們殺了你唷！」很多小販這麼說。但是這些螃蟹是哪裡來的？以前不都是北韓來的嗎？「是呀！」另外一個小販低聲說，「眞的變得很危險。但是中國海岸水很髒，就是抓不到好螃蟹。螃蟹只能從北韓來。」更多他就不想說了。怎麼來還有從哪裡來的，市場上耳朵太多了。不過顯然有些依舊是通過邊界來的。丹東生意變得困難，但是並沒有停止。對某些人來說，甚至還變得更有利。

馬曉紅是個野心勃勃的新秀女商人，她甚至還坐上遼寧省議會的席位。中文這叫做「靠關係」，如果關係打得好，認識的人正確，那麼原本不可能的事情就會變得可能。馬曉紅在丹東市與省會瀋陽，和許多高官政要有「關係」。她懂得和北韓做大生意的關鍵，並且決定要好好利用它。

二〇〇〇年初，馬曉紅創立了丹東鴻翔實業發展有限公司，並開始幫北韓人做事。首先她幫助北韓人進口重油、天然氣、石油、小麥和麵食。當時這並未違反制裁，馬曉紅也完全沒有隱藏她的生意來往。相反地，她公開自誇「客人是北韓菁英，在可與中國石油集團相提並論的重要企業任職」。

很快地，馬曉紅的生意越做越順利。二〇〇九年八月，美國經濟部將北韓光鮮銀行列入禁止名單中，因爲他們指控這家銀行買賣大規模毀滅武器。北韓光鮮銀行的帳戶遭到凍結，美國民衆此後再也不允許和這家銀行做生意。因此，這家屬於北韓貨幣發行銀行、且在丹東市開了分行的光鮮銀行，便從他們的核心生意領域中除名，無法再在世界市場上用美元做生意，因爲大部分國際貨品交易都必須以美元支付。於是北韓光鮮銀行需要幫忙，而馬小姐幫忙了他們。

原則很簡單：馬曉紅透過丹東鴻翔與其他旗下公司，提供北韓光鮮銀行、也就是北韓一套全包服務，來取得聯合國制裁清單中的貨物。丹東鴻翔公司用人民幣來進行一部分的交易，使用美元的生意，則需要僞裝得更好。馬曉紅與她的員工因此在香港、英國維京群島和威爾斯等地，開了十來家的空頭公司。這些公司的名字很好聽，像是最有名貿易公司、飛馬公司、深富公司或美麗機會公司等，這些名稱應該是在說馬曉紅和生意夥伴的野心，而不是公司本身的生意目標。美國司法部控告馬曉紅與同事的訴狀中表示，丹東鴻翔透過空頭公司進行交易的金錢，幾乎都是來自北韓光鮮銀行。換句話說，北韓光鮮銀行預付款項，再由馬小姐帶著平壤出來的購物清單，藉著遍及全球的空頭公司的幫助，開始購物之旅。貨物的運輸也是由她負責。馬曉紅旗下有一間公司擁有將近十艘貨輪，根據國際船運資料庫「迎風」的紀錄，這些貨輪定期在中國與北韓間往返。

丹東鴻翔公司在一份簡報中，自誇他們在中朝貿易間長年以來的經驗，還不害臊地提出一些驚人的數據，光是二〇一〇年的貿易量就達到兩億五千萬美元。此後，馬小姐和她的公司網絡，便成爲北韓幕後交易的一條肥魚。南韓位於首爾的峨山政策研究院證實了此事。峨山研究院在國際貿易資料庫的幫助下，詳盡分析並做下結論，光是在二〇一一年一月至二〇一五年間，這些公司便由北韓進口了價值超過三億六千萬美元的貨物，並出口了足足一億六千萬美元的貨物到北韓，總貿易量為大約五億三千兩百萬美元。丹東鴻翔公司短短五年內的營業額，大概就跟整個開城特別經濟區自二〇〇四年起，花了兩倍時間的收入一樣多。根據專家估計，這個總數大概足以用來投資鈾濃縮設施所需，以及核彈的研究與測試。

事實上，丹東鴻翔公司還直接在核子與導彈計畫上幫助北韓。二〇一五年九月，這家公司兩次運送了大量的氧化鋁到北韓。氧化鋁可以使用在核子武器的製造過程中，因為它可幫助用來濃縮鈾的離心機不受腐蝕。這雖然只是冰山一角，但顯示出即便在制裁的情況下，北韓付出何等努力，來取得製造核彈的原料與技術。

馬小姐在丹東不算是暴發戶，而是有聲望的女商人。市政當局公開表揚她的北韓生意。一家她占有股份的旅館以及丹東鴻翔的所在地，中朝友誼橋就在附近，經過中國遊客可以穿上北韓傳統服飾拍照的紀念品攤位後，再橫越海濱步道，接著就會站在這兩棟高樓前。旅館底層商家掛著顏色繽紛的招牌，為北韓藝術中心與旅行社宣傳，這也是馬曉紅的帝國範疇。

丹東鴻翔的駐地應該在十一樓，但是一般人不得其門而入。在電梯裡我幾乎可以按下每個樓層的按鈕，就只有十一樓不行。「你需要卡片才行。」一個和我一起站在電梯裡的中國商人說。我在九樓出電梯，找到樓梯間，步行上十一樓。只是樓梯間的門鎖上了。我只好往回走，走道和樓梯錯綜複雜，不知不覺我走到了同樣也通往十一樓的第二座樓梯，而這裡的門沒上鎖，反而還掛著大大的丹東鴻翔公司招牌。辦公室大門敞開，大門後面有個接待櫃檯。

我一走進去，就看到許多員工正在工作，瀰漫著生意興隆的氣氛。一點也看不出，美國司法部前年才在新紐澤西法庭對馬小姐提起告訴。中國當局在美方的施壓下，一夕之間不再尊馬小姐爲可敬的生意人，反而將她與衆多同事逮捕，那些顯然收過馬小姐賄賂的高官也不放過。中國傳達出一股意象，他們會疾風厲行地對付如馬曉紅之流、破壞制裁的罪犯。因此，我以爲自己會站在一陣兵荒馬亂後遺留下來的空間前，但並非如此，這家醜聞公司的所在地，直到今日一切仍照舊運轉。

一個小姐朝我走來，不客氣地問：「你想幹嘛？」我說：「我來自德國，是位記者，我想要……」話還沒說完，她的臉就僵了，雙肩向前傾，說：「我們不接受採訪！」接著她很快走到角落，氣沖沖地呼喚一個位階更高的人。我們寧願離開，誰知道馬小姐在丹東的關係還有多好，警察是不是依舊站在她這邊。因爲就算她本人坐在牢裡，她所創立的帝國依舊在其他地方繼續運作。

丹東市北方約兩百五十公里處的瀋陽，一團大約八十人左右的中年男女，依攝影師要求，站在旅館的階梯上合照。但這團人太過興奮了，所有人七嘴八舌、嘻嘻哈哈地打情罵俏，彷彿班級遠足似的。他們是這個地區的藝術家，應省政府邀請前來會面。偏偏是在這家七寶山酒店，這是一棟裝設鏡面玻璃、十五層樓的方箱子。酒店百分之七十的股份屬於朝鮮柳京經濟交流公司，百分之三十則屬於馬曉虹的丹東鴻翔公司。這家四星級酒店大廳以大理石與鑲金邊裝潢，正中央懸吊著大型水晶燈，後頭一個角落是北韓國營航空高麗航空的旅行社。坐在旅行社辦公桌後頭的小姐打了一個大大的哈欠，隔壁玻璃貼著普拉達、芬迪和古馳的商店也一片死寂，商品架上空無一物。七寶山酒店還有一家餐廳，裡頭有北韓的舞蹈表演節目，三樓有豪華貴賓套房，客人可以私下享用以銀器餐具供應的餐點以及使用大型卡拉ＯＫ機組。半打的服務人員向我介紹空間以及附有海參與朝鮮魚特產的菜單。其中一人用中文問我從哪裡來。「我來自德國。您呢？」她說：「我來自北韓。」我早就該想到了，她的藍背心上別著北韓國旗的胸章。

不過，她不是這裡工作的唯一一個北韓人。七寶山酒店裡，有部分的北韓駭客部隊「一二一局」在此作業。來自平壤的前計算機科學教授逃出北韓，於二〇〇四年就已經披露此事。因爲北韓的網路基礎建設建得不好，加上爲了混淆蹤跡，平壤政府便將他的駭客部隊轉移此地。在索尼集團發行一部關於金正恩的電影《名嘴出任務》後，二〇一四年十一月索尼便遭受網路攻擊，要對此負責的大概就是一二一局。這支駭客部隊顯然也是數位搶銀行的幕後眞兇。

這在瀋陽早已不是秘密。儘管如此，在這個九百萬人、擁有數不盡旅館的大都會，省政府偏偏還是選了這家酒店，作爲藝術家的集會場所。爲什麼？就算馬曉虹牴觸制裁的生意露出了馬腳，而中國當局採取了措施來對付她後，還是出現這種事呢？很難不聯想到任人唯親的關係。

中國有一句俗話，叫做：「離北京越遠，聖旨就越難傳到。」也許遵守制裁這件事，正符合這個情況。倘若有人在記者會上詢問中國外交部長王毅，中國眞的盡力貫徹制裁決議嗎？他很快就會喪失總是顯得百般無聊的自大神情。有一次，他的眉間夾起了一道深溝，發言中一貫單調的語氣變得刺耳，讓女翻譯員感到不得不圓潤某些尖銳的字眼。因爲王毅原本說的是，那些搞不清楚狀況的外國記者不停問他這件事，弄得他很煩，中國當然徹底實施了制裁。當王毅的聲音再度回復爲外交的標準音調時，我心想，北京到目前爲止，在這件事上表態得很清楚，單單是因爲若不這麼做，對中國而言，和美國打起貿易戰的代價大概過高。

中國東北的經濟發展非常糟糕。東北各省擁有最低的經濟成長率，大部分的產業都已經老舊。曾經是各省經濟骨幹的煤礦和鋼鐵廠，早已不再有利可圖，許多都必須關閉。工人抗議一再上演，他們拿不到部分或是全額的工資。如今地方嘗試做些旅遊生意，在地上碾出一個個的滑雪勝地。但是邊界地區如丹東或長白，最重要的收入來源則是和北韓的生意。因此，有沒有可能，當地雖然動用了可見的特種警察巡邏來滿足北京，但在某些事情方面，仍一如既往地睜一隻眼閉一隻眼？否則丹東鴻翔怎麼可能照舊營運下去？又或者這個集團甚至連中國政府也有份，是北韓核武與導彈計畫的幫兇？

瀋陽機床股份有限公司在瀋陽工業區擁有巨大的工廠廠區與大約一萬兩千名工人，可以見到他們身穿灰色工作制服，穿梭在橘屋頂下的廠房。瀋陽機床的股票在深圳股市中交易，還有一部分掌握在中國政府手裡，這在國營企業中十分常見。股市帶來資金以及其他市場的通路，但是黨掌握著公司的控制權，能夠決定誰來領導公司、公司方針以及擴張的方向。這類公司內部各自有著黨的結構，因此黨對公司基本上瞭若指掌。

因此，那筆瀋陽機床於二〇一五年做出的交易，就更令人吃驚：中國人從一家西歐公司買入機械製造零件。公司很清楚，這些產品是所謂的軍商兩用貨品，也就是說，不止可用在民間，還可以作爲軍事用途。公司因此要求中國人簽下但書承諾，不可以將這些零件轉賣給北韓。中國人做出承諾後，之後卻置之不理。他們將零件用在自己的產品上，接著轉售給北韓。前美國武器督察大衛·阿爾伯瑞特揭發了這筆交易。爲了保護那家西歐公司，他未說出公司名稱。而從瀋陽機床運過邊界的零件，可以用於製造導彈部件以及濃縮鈾用的離心機，也正是金正恩急需用在核武與導彈計畫中的產品。他之所以會得到這些產品，正是因爲中國國家集團的配合以及共產黨的視而不見。

那麼制裁又有何用呢？最先在制裁下受苦的是人民，大部分都是些束手待斃之人，那麼還應該維持制裁嗎？反觀伊朗的制裁策略成功，於二〇一五年達成一項可作爲範本的協議，在嚴格的監視系統下制服了這個國家的核子設施，這對於北韓也是可以想像的嗎？這段期間對北韓祭出的制裁，完全可以與伊朗相提並論，都涉及了最重要的出口商品，試圖藉此截斷兩個政權各自最重要的收入來源。儘管如此，北韓方面制裁成功的機會卻差了許多。金正恩終究可以更壓榨他的人民，還能夠將最後的資源投資在大規模毀滅性武器上，而不是用來照顧國家子民。北韓政府內沒有其他的競爭因子，沒有開明的中產階級，可以在有疑慮時走上街頭。

丹東市有個地方，或許可以成爲將北韓逼上談判桌的關鍵。只要開車出城外一點，外頭玉米田間有座貨運火車站，隱蔽在高牆與監視器後面。可以見到高高的鷹架上裝有吸氣管接頭，但這一天沒有火車貨櫃。貨車載著原油與石油抵達此地，油將被吸到位在這遼闊場地另一頭的巨大油槽中。油槽中的油，透過鴨綠江下的油管，可直抵北韓。我們只能夠開車經過這區域，但禁止停車。爲了安全起見，司機扳下遮陽板並戴上棒球帽。他說：「因爲監視器。」

沒有這些來自丹東油槽的油，北韓的汽車就開不了、飛機就無法起飛、軍隊就動彈不得。若中國中斷石油的輸入，那麼北韓大概很快就沒戲唱了。中國至今還未這麼做，因爲它在北韓還有許多其他的利益，其中許多利益正與美國衝突。

Chapter 7

川普因素：美國與北韓

日本沖繩島東海岸沿線，感覺像座施了魔法的海花園。二〇一四年秋天，我們坐船穿過石灰岩拱門，沿著植物生長茂密、看起來宛如海怪的岩石航行。海水閃耀著一片碧綠。我們見到水面下有珊瑚和海葵，小丑魚在裡頭躲藏。「我們現在已經到了美軍想要建設的區域。」東本琢磨對我們喊出這句話。他駕駛這艘船，有著一頭黑捲髮、濃密的鬍鬚和曬得焦黃的皮膚。東本是環保人士，爲了珊瑚礁奔波。他邊說邊指向一片廣闊的海面，「從這裡到海灘大概會出現起降跑道，我們正在裡頭。」有多接近中心，幾秒後就會揭曉。我們駛近海岸邊的紅浮標，突然間一艘安全局的船切斷我們的航路。「不准再前進，」幾個男人用擴音器朝我們喊，「這裡是禁行區，馬上掉頭！」

紅浮標標示出的不過是第一區的建段，面積非常遼闊。幾乎很難想像，但是此地珊瑚礁的中間，大概會出現兩條全新的起降跑道，美國軍事基地就緊靠在後頭。填土要填到四層樓那麼高，這麼一來就算海嘯來也可以安心。這座帶有工地的美軍基地叫做施瓦布營，僅是沖繩衆多海軍基地的其中之一。

沖繩位於東京南方足足有一千五百公里，也許更重要的是，它位於平壤南方約一千四百公里。這座副熱帶島嶼是美國在此地最重要的軍事基地。不止美國海軍陸戰隊在此地設有基地，美國空軍、陸軍與海軍也都有。在華盛頓政府考慮「軍事選項」，或美國總統唐納·川普在聯合國以徹底毀滅，來恫嚇從未出席過聯合國的北韓時，此地就是讓一切實現的起點。因此，沖繩是朝鮮衝突的前線，甚至還是角力中國東海統治地位的關鍵。因爲任誰統治著沖繩，也就等於統治著中國東海的出口。

第二次世界大戰末，在長期且殘忍的抗日戰爭後，美國人接收了沖繩，此後他們就再也不曾將基地拱手讓人。美國國防部的一項數據指出，共有超過三萬九千名士兵駐守於日本，美國境外派駐的士兵，就屬這裡最多。其中在沖繩的士兵數又大幅領先日本其他地區，這造成當地居民不小的擔憂並引起居民再三抗議。

離施瓦布營開車半個鐘頭遠的地方，座落著嘉手納空軍基地與普天間海軍陸戰隊航空基地。珊瑚礁間的跑道是普天間航空基地預計要置換的。二〇一四年的一個秋天，機師爲了維修，在衆多魚鷹式傾轉旋翼機爬上爬下。魚鷹式傾轉旋翼機在跑道上一台接著一台排成兩條長龍，它們是垂直升空的飛機，螺旋槳在起飛時向上有如直升機，飛行時則折向前。這些飛機屬於海軍陸戰隊最重要的運輸機，因爲速度快又可以隱蔽地在任何地點降落，沒有人會發現，因爲它們不需要跑道。

彼德．強．李上校帶我爬上一座小山崗，這裡可以清楚看到跑道。跑道旁邊是機房，後頭橡樹色的建築裡，海軍陸戰隊隊員正聚在一起用中餐。更後頭可以看到一棟高樓。「那是擁有現代設施的新醫院。」李上校說。我問他，沖繩對美國與美國軍事有多重要？他將帽子戴正，思索片刻後說：「爲了跑道的運作和改善基礎設施，有很多資金流入這裡。我們在這裡做的事，對美國而言有優先權。我們在此支援自己的軍隊以及盟國。」

對一些人來說，普天間飛行場算是世界上最危險的機場，因爲它位於城市的中心，海拔七十五公尺高的山坡上，兩旁包圍著住家。幾年前有台直升機墜毀在緊鄰著跑道的大學校園裡，沒有人在事故中死亡。但是大學裡的一棵樹在墜毀時起火，燒成木炭，後來成爲島上反對美軍基地的抗議象徵。

抗議民衆日復一日地站在施瓦布營前，擴音器裡傳出沖繩民族音樂，營區大門口水泥卡車川流不息。如果需要證據，證明美國在他們最重要的基地大幅擴張權力，那麼就只要數數卡車的數量就行。海的那一頭，安全局的船攔下我們的建築工地，抗議民衆經常在陸戰隊周遭來回划船。他們說，是爲了保護珊瑚礁、爲了和平。他們相信各大強權應該釋出善意，一定可以找出某條和中國甚至也許和北韓意見統一的道路。

這個願望十分合情合理。只是這個地區的新聞，卻報導著相當不同的故事。世上沒有任何一個地方如東亞般，駐紮了如此的重裝部隊。也沒有任何一個地方，在近期內大力加強武裝。日本於二〇一八年，再度增加百分之二點五的國防支出，南韓甚至增加將近百分之七，中國的國防預算成長也同樣有這麼高，而美國計畫增加至百分之十三，也就是約七千億美元，大概超過中國軍事總支出的三倍。這筆錢中，很可觀的一部分是流向東亞。

第二次世界大戰後，美國特別於亞洲建立起龐大的軍力。在日本，除了沖繩外，還有東京附近的橫須賀美國艦隊基地。這是美國海軍最大艦隊——第七艦隊的司令部。其中包含了隆納．雷根號航空母艦、十四艘驅逐艦與巡洋艦以及將近一打的潛水艇。美軍駐日本司令部是橫田空軍基地，也位在東京附近。美國在南韓也擁有強大的軍事力量，是繼日本與德國之後，駐紮在美國境外的第三大部隊配額，足有兩萬三千人。其中很大一部分駐紮在距離朝鮮邊界相當近的地方。

關島位於地區的東邊、西太平洋的中央，是美國的海外領地。對來自日本或西伯利亞的度假者來說，關島是如同沖繩般的度假島嶼。相反地，美軍司令則稱呼關島為固定式航空母艦。這裡的士兵數字將近八千人。關島距離平壤有三千四百公里，島上布置的美國B-2幽靈戰略轟炸機，不到四個鐘頭就可以飛完這個距離。相反地，因為關島的戰略意義，金正恩於二〇一七年夏天威脅，要朝關島方向發射飛彈。

一直以來，美國在亞洲強大軍力背後，暗藏的是以美利堅治世統御整個太平洋地區的野心。美國尤其自認為是保護南韓和日本的老大，在早期幾次的朝鮮危機發生時，就一再動用軍事力量來恫嚇平壤。但是以往不曾有過任何一位總統，像唐納．川普一樣，動不動就在談話中，烏鴉嘴嚷著要動用武力。這是危機中的新元素，使得危機更無法捉摸、風險更大。因爲它遠不止是華盛頓與平壤政府間的唇槍舌戰、越過幾千公里的來回隔空喊話。美國和南韓兩國連牙齒都武裝的軍隊，在東亞可說是面對面地對峙。就算兩軍之間打起的是正規戰，也會爲全世界帶來戲劇性的影響。美軍估計，光是首爾就會有十萬人死亡，全南韓犧牲者則上看百萬人，其中當然連駐紮南韓的美國士兵與在此地生活的美國百姓也會遭殃。南韓軍隊於二〇〇四年演練的一套正規戰戰爭腳本，甚至展示出更嚴峻的意象，光是戰爭後的二十四小時內，傷亡就可能上看兩百萬人。

很清楚，第二次朝鮮戰爭遠遠不能拿來跟伊拉克或阿富汗戰爭相提並論。爲什麼朝鮮的情況，以外交機制來口頭要求裁減軍備是行不通的？而眞正發生戰爭的危險又有多大？

二〇一七年秋天，唐納·川普訪問亞洲，不降落在沖繩，反而降落在東京附近的橫田空軍基地。在這之前他曾在夏威夷稍做停留，拜訪了珍珠港。在一九四一年日本偷襲的紀念場地上，他和夫人獻上白花瓣任之在水上流淌。攻擊珍珠港大概是美國領土所遭受過最嚴重的國家攻擊事件，美國因此參與了第二次世界大戰。「記住珍珠港。」川普稍後在他的推特帳號上寫下。這聽來和朝鮮衝突脫不了關係，好似金正恩的導彈將代表一場新偷襲。川普緊接著拜訪美國太平洋司令部，爲了聽取此地區與朝鮮半島的軍事情況，也並非偶然。

美國將世界劃分成幾個司令部。夏威夷島上的太平洋司令部是最老、也最重要的司令部。領區攘括了地表的一半，以及世界上極重要的一個經濟空間。太平洋司令部也負責北韓與所有美國在這個地區的軍事基地。

川普在橫田基地等不及離開飛機，就脫下外套並穿上皮夾克，好似鑽入了戰鬥服中。在一面巨大、遮住了整個機庫正面的國旗前，川普登上演講台，宛如戰士般發言：「沒有任何人、任何獨裁者、任何政權、任何國家應該低估美國的決心。總有人一再低估我們，」他稍作停頓，「這讓在座各位不爽，對嗎？」士兵歡呼，聽來好似幾週前川普在聯合國演講所發出的迴響。

川普認爲前任所有總統的朝鮮政策都是失敗的，不管他是民主黨或是共和黨人，不管他叫做巴拉克．歐巴馬、喬治．布希、比爾．柯林頓還是老布希。經典的是，在川普拜訪亞洲之前，也沒有人看得出他想要如何解決北韓問題。

許多觀察家與美國外交官，都深知北韓挑釁與讓步的雙重策略。讓情勢比以往更升級的新因子，正是兩位中心人物：金正恩與唐納．川普。金正恩大幅提升了測試與繼續研發武器計畫的速度，而川普用戰爭與毀滅威脅，在危險情勢中更火上加油。他不止在華盛頓與西方令人無法捉摸，還爲北韓出了個謎題。可以掌握的國際關係是種保障，讓人不會因誤解而動用武器而最終陷入戰爭，反之，不可掌握的國際關係，使得朝鮮危機更顯得岌岌可危。

在比爾．柯林頓的任期內，華盛頓政府曾認真考慮過對北韓採取軍事手段。寧邊研究核反應爐關閉一事於一九九四年浮上檯面時，美國情報局估計，北韓從燃燒完的反應爐燃料棒中，可取得足以用在八顆核彈上的鈽。美國國防部當時向柯林頓簡報了三個今日聽起來異常熟悉的選項：加重對北韓的制裁、於北韓邊界沿線軍事演習展現軍力、軍事攻擊。最後一項計畫得鉅細靡遺，預計以巡弋飛彈和F-117匿蹤戰機攻擊寧邊反應爐。他們相信，這麼一來北韓對核武的追尋就已窮途末日。當時阻擋柯林頓與軍隊的是，若北韓反擊首爾或東京可能造成的後果。他們擔心，北韓還可能動用生物或化學武器。

正當柯林頓於白宮思索是否攻擊平壤之際，吉米．卡特正在當地會見金日成，這完全是個巧合。卡特並未接受委託，便開始與金日成協商，而金日成確實向他承諾，以接受一些交換條件來終止核武計畫。柯林頓十分訝異，但也同意了。於是於瑞士中立的土地上，與北韓開始直接協商。戰爭與和平居然如此接近，實屬罕事，更難得的是，偶然之事，竟然大方地敲開了外交的大門。

當時是個相當有利的時刻，一九九〇年代初期，北韓突然變得孤立無援。蘇聯剛解體，因此重要的金主也垮台了，隨之消失的還有東方集團的貿易區。北韓陷入龐大的債務困難，盟友中國出自經濟原因，竟接近他們的大敵南韓，更令他們吃驚。

所謂的朝美框架協議規定，北韓得放棄他們的核武計畫。交換條件是，美國準備放寬制裁，提供經濟幫助，並且在北韓建設一座輕水反應爐，這座反應爐雖然可以供電，但是無法從中獲得鈽。甚至朝美建立外交關係也是協議中的一部分。

協議因兩國之間始終無法消彌的猜疑而前功盡棄。協議有一項缺點，就是沒有設下承諾兌現的時程表，不過也沒有可以檢閱實施狀況的國際機構。且這項協議僅介於北韓與美國之間，所有鄰國都只能袖手旁觀。

二〇〇〇年初，協議永久破滅，隨之而起的是第二次核武危機。喬治・布希上台後，視北韓爲「邪惡軸心」的一部分，另外也將伊拉克和伊朗算在內。然而二〇〇一年九月十一日的恐怖攻擊後，布希不再視北韓爲最迫切的問題。美國的注意力更移到近東與中東，以及獨裁政權垮台的馬格里布，並出兵對抗阿富汗與伊拉克。

儘管如此，這段時間內還出現了另一些驚人的創舉。六方會談還將地區的其他國家也囊括了進來，亦即包含了南韓、中國、日本與俄羅斯。但是會談也以失敗告終：北韓遭到指責秘密推動核武計畫，爲了計畫的資金而繞開制裁。最後北韓於二〇〇九年退出會談。

美國近年來在歐巴馬總統任期中的朝鮮政策，基本上是一種等待政策。歐巴馬稱之爲「戰略忍耐」。有朝一日外交孤立和制裁會將北韓帶回談判桌，並迫使他們放棄核武與導彈計畫，然而兩者都不如預期。制裁終究無法令平壤掌權者另眼相看，代價首先落在貧窮與飢餓的百姓身上。就連去核化的目標，也就是完全放棄所有核子武器與設施，也非常不切實際，直到今日更是如此。如太永浩之輩的脫北者一再清楚表示，金正恩的核子恫嚇最多只會受限，但別想他會放棄。核武是政權與他自己本身的生存保障。

爲了保護結盟的日本與南韓，美國先施壓於北韓，而今日北韓（在金正恩做法下取得戲劇性進步）的核武，也對美國造成威脅。川普不準備以談話來解決危機。就算非官方的談話管道，例如如透過朝鮮駐紐約聯合國的辦事處，二〇一七年的秋天也運作得更糟甚至完全停擺。同時來自華盛頓的新消息，一再震驚公眾視聽。川普的國家安全顧問麥馬斯特說明，總統「準備好以任何必要手段」，使朝鮮不能以核武來威脅美國。而美國國防部長詹姆士．馬提斯強調：「我想像不出美國會在任何條件下，接受朝鮮核武強權的身分。」

共和黨參議員林賽．葛瑞姆於二〇一七年八月，報導他與川普的對談。他在美國國家廣播公司頻道中引用總統的話：「若是爲了阻止金正恩而開戰，那麼戰爭會在他們的土地打，如果有上千人會死，那麼就應該要死在他們那邊，而不是我們這裡。」總統當著他的面說出這句話。我們應該要知道，葛瑞姆本身也屬於主戰派。同一個節目裡他又說，若北韓不停止測試洲際導彈，那麼戰爭「勢在必行」。川普最終必須在地區穩定與國內安全中做出選擇。葛瑞姆是不是正確引用了川普總統的話，我們無法確認。但是至少這些話不違背總統先前其他的發言，在這麼危險的衝突下，這些話聽起來如同黑色幽默，詮釋出「美國優先」的想法，冷血計算別的地方應該付出多高的代價。

曾近距離接觸過政府的前情報局人員與其他人，經常在媒體中大談開戰的機率有多高。百分之二十？還是甚至如同少許人所宣稱的百分之五十？因此，川普於二〇一七年秋天拜訪亞洲時如何表現，以及他對那些憂心忡忡的盟國說些什麼話，便十分關鍵。最後，他是如何對待美國的大敵中國？沒有中國，朝鮮衝突就無法解決。

川普拜訪日本不久前，當地電視台有位肢體語言專家上節目，他對美國總統的表情做過一番詳細的研究。他如同日本人常見般，心無旁騖地做這件事，甚至還開發出一套獨特的算法，來解析川普的情緒，並歸類出顏色。結果並不特別令人驚訝：川普可能在生氣，紅色；他可能很放鬆，綠色；他甚至還會傷心，藍色。

當然日本人不是唯一一些問過川普是否口是心非的人，他的發言背後，到底暗藏著什麼玄機？只不過，對日本而言，這些玄機攸關生死。與美國的防衛結盟，並非深植於如北大西洋公約組織般的龐大結構，也因此基本上會隨著美國最高統帥的心情而改變。許多日本人擔心，美國在川普的領導下，會不再承認他們的保衛任務。因此，根據皮尤研究中心於二〇一七年秋天的問卷結果，日本人對美國外交政策的信任度由（歐巴馬領導下的）百分之七十八掉落至（川普領導下的）百分之二十四。

選舉時川普曾說過，日本和南韓應該要多為自己的安全負責，日本人最好要有自己的的核武彈藥庫，但是他在二〇一七年秋天的亞洲行中，又不再提起這件事，美國不願意亞洲再有其他的核武強權出現。川普的競選活動，加深了日本所有質疑者的不信任，他們提出警告，面對北韓的恫嚇，不能光靠美國保護。東京天普大學亞洲研究所所長傑夫·金斯頓說：「這位令人無法捉摸的總統，為整個地區帶來了不安定。例如，安倍首相擔憂，中國與美國可能達成協議，而將日本排除在外。」

安倍從中做出自己的結論。川普拜訪時，他與川普首度一起打了高爾夫。畢竟他從一開始就完全支持川普，並定期打電話拜訪他。他是川普的亞洲親密老友，基本上也是唯一的一個。兩者之間的關係有點令人聯想到伊拉克戰爭前的喬治·布希和東尼·布萊爾，不論當時華府想對伊拉克做什麼，布萊爾都力挺布希。二〇一七年夏天，安倍於紐約時報發表文章說，不論川普對平壤做出什麼樣的選擇，他都支持川普。

至今衆人仍議論紛紛，當初布萊爾到底吞了什麼，竟對布希言聽計從，令他的國家吃足了苦頭，也使他自己的聲譽大跌。安倍的情況則有目共睹，是出自美國可能讓日本陷入困境的擔憂。二〇一七年夏天，北韓兩度飛彈測試，飛彈掠過北海道，接著墜入太平洋外海，令日本震驚萬分。當天清晨北海道各大城市與鄉鎮的警報大響，開往首府札幌的新幹線快速列車也停駛。北韓令日本清楚瞭解到，他們位於飛彈的射程之內，同時當然也陷於核武威脅的範圍中。

安倍擁有國會兩院超過多數的支持，得以更改憲法，賦予軍隊更大的權力，這是他長年追求的事業。日本的憲法出於一九四七年，奠基於二戰日本侵略與罪行所烙下的印記。憲法第九條所稱，日本國民永遠放棄以國權發動的戰爭、武力威脅作爲國際爭端的手段。當時日本承諾不擁有軍隊。很快日本就不遵守這項承諾，他們只是不稱呼軍隊爲軍隊，而叫做「自衛隊」。如今安倍想要在憲法中賦予軍隊新正當性，並擴大軍隊扮演的角色。他最重要的論點爲金正恩對日本的恫嚇。安倍與美國總統同樣都認爲，面對北韓，協商和讓步都不能帶來成果，只有強力制裁與施壓才行。

在類似的國家拜訪中，隔岸觀火看衝突如何持續升級，以及觀望某些對話如何可能導致戰爭出現，這樣的情況實在少見。但是唐納．川普於二〇一七年秋天的亞洲行，就是這麼一個狀況。有時候表面看來，猶如某人在檢視他的軍隊與隨扈，想要搞清楚應付山雨欲來之事，自己的力量有多強。川普從日本前往南韓抵達首爾，也就是進入金正恩裝在邊界碉堡上大砲的射程範圍內。金正恩和川普的距離從未這麼接近過，而情況看似他們還會更加接近彼此。

二〇一七年十一月七日清晨，南韓首都既涼又溼。快要接近破曉時分，濃霧籠罩著整座城市，覆蓋摩天大樓，蒸發出灰濛濛的光輝。我們很早便起床，因爲要飛到北京。唐納．川普與他的大隊跟班會在下午抵達中國首都，我們要在那裡待命。街道上空無一人，往機場方向前進得很順暢。突然之間，我們陷入車陣當中，動彈不得。右手邊可以見到鐵絲網構成的高牆，牆後方座落著龍山基地，這是美軍駐紮在南韓的司令部。我們議論紛紛，爲什麼一清早這裡就塞車。直到我們的司機認出一台閃著藍光燈的黑禮車，連同吉普車與休旅車高速奔馳開進軍營。司機笑著說，那一定是唐納．川普了。我們知道這天上午川普將在南韓國會發表演說，不過七點多這個時間，他在這裡做什麼？

幾個鐘頭之後水落石出。川普決定要飛進非軍事區，儘管白宮之前就說過，時間可能不夠，更何況非軍事區早已落伍——這麼談論非軍事區其實非常奇怪，因爲朝鮮衝突顯然仍在此地輪番上演。不論如何，川普當天一早秘密搭上海軍直升機，此外，飛機前後還有好幾架雙旋翼契努克直升機作陪——機門敞開，機上備有重武裝安全戒備以及幾位來自白宮媒體團的記者。

邊界附近的霧想必比首爾更加濃厚。後來據稱，接近目的地時，直升機的視線不佳，只好折返。九〇年代，美國一架直升機因爲誤闖北韓領空，曾經遭到北韓擊落。如今機上載著總統，他們當然要避免發生狀況。

飛行中斷後，川普在他的裝甲禮車中等待濃霧散去，等了超過一個鐘頭。南韓總統文在寅同樣也在等待，不過是在邊界等川普。和川普不同，他成功抵達了非軍事區，這件事讓川普面子更掛不住。幾週前，川普還對文在寅自大地擺了架子，爲了讓他明白，他認爲文在寅在朝鮮事件上態度過於軟弱。文在寅試圖與北韓進行協商，但川普拒絕了。若美國決定動武，文在寅爲了南韓難免會否決，這也刺激著川普。

首爾天氣維持不變，大霧遲遲不散，想必令川普不快。他想要站上看得到北韓的邊界，就如他之前的衆多美國總統一般。諸多挑釁與威脅後，站上邊界代表的意義非凡：瞧過來，我就站在這。事後想來，這次拜訪非軍事區功虧一簣之事，其特徵有如川普平常搞政治的方式：先威脅、再建設，接著卻砸在落實過程的第一步。

龍山基地插曲發生不久後，川普坐進南韓國會講台旁邊一張褐色皮椅。他身前衆人是南韓國會議員，斜後方則是將他介紹成「世界領袖」的國會議長丁世均。這次的演講必定是川普講得最好的一次，想必有人爲他將情勢清楚地寫了下來：獨裁統治「地獄」下的不自由北韓和人民擁有財富與民主的自由南韓，兩韓之間的反差。川普本人還自誇美國在朝鮮半島門前一字排開的軍力：核武潛艇、三艘世上最大的航空母艦，「載滿了F-35與F-18戰鬥機，」川普說，「我將透過力量來換取和平。」不過，他的演講首先關注在如何以軍事威脅以及國際制裁迫使北韓讓步。他指責北韓過去不斷在美國背後做小動作，總是違反承諾做出相反的事，等於將前幾任總統任期內所做的協商努力一筆勾銷。他說的並非錯得太離譜，只是聽起來像在指控所有形式的協商或對話都沒有用，「北韓政權將美國過去的忍讓曲解為軟弱。這是致命的錯估。現在的內閣和美國過去的內閣相當不同。」

聽了這場演講後，我的印象是，川普似乎空口說白話地做好了所有前任總統都屏棄的軍事攻擊準備。若有人問，為什麼他不採用更可靠的外交手段來避免戰爭，答案就是，因為川普與他的內閣瞧不起這樣的外交機制，他們認為這正是軟弱的證據。也正因如此，川普的亞洲行明顯地令這個超級強權，一步步地往災難性戰爭方向逼近。

演講最後，川普還有一條留給金正恩的訊息，或說向他隔空喊出的某種條件。川普向他保證，有一條路，可以通往更美好的將來，條件就是只要他遵守政權放棄侵略與研發彈道飛彈。此外他還要求一件事，一件每位前總統都要求過，但卻全軍覆沒的事：北韓完整且可驗證的去核化。

衆所皆知這項條件並不會促成協商。但川普和他的顧問團拒絕承認北韓為核武強權，也不願使用冷戰逾數十年來，對付蘇聯來阻止核子大戰的政策。他們相信，典型的嚇阻政策用在北韓的狀況下並不會成功。但究竟為什麼不會成功？為什麼金正恩不會像克里姆林宮的掌權者一樣理性，不以本身的生存方向來協商？共和黨如喬治・布希任內的前美國外交部長康朵麗莎・萊斯，也於這段期間呼籲，美國應當以典型的嚇阻政策來牽制北韓。這項政策也許會導向較不危險的結局，甚至也可能打開協商的大門。

首爾演說後，同一天川普到了北京的權力中心會見中國國家主席習近平。人民大會堂屋頂上，十多面紅國旗飄揚。爲了在兩人今天召開的記者會上占個好位置，我們很早就到了，只是人民大會堂入口處的警衛還不讓我們入場。於是我們在台階下等待，這裡不久後會成爲訪問的第二舞台。

當世上最大的兩個強權碰面時，我們的攝影機大多只能拍到紅地毯、演奏國歌的軍樂隊與陽光下閃爍的刺刀刀尖。即將成爲第二個舞台的後門入口處，此時聚集了大陣仗的賓客。當美國總統抵達時，一小支軍隊也跟著簇擁上來。他們坐在黑休旅車、軍用吉普車上，車廂頂上裝置著大型發射設備，可以阻擋附近的行動無線電接收。光頭且虎背熊腰的男人，耳中扣著耳機，緊張地來回走動。有些汽車裡，可以見到深色擋風玻璃後坐著戴著太陽眼鏡的士兵。若車門短暫開啓，則可見到他們全副武裝佩著衝鋒槍、手槍與防彈背心。總統的重裝甲座車停靠在路邊，有好些中國人在車前擺姿勢自拍，是對這裡展現出的所有勢力的讚嘆，讚嘆並希望自己也能扮演這個角色。

傍晚習近平領著川普參觀紫禁城。川普似乎對太和殿及中和、保和兩殿印象極為深刻，中國皇帝曾一度居住於此，以中國人的眼光來看，他在此統御世界。北京的掌權者一向很重視禮節與形式其中心照不宣的隱喻。在皇宮接待，散發出無法忽視的訊息，暗示著中國在這段時間又再度強大了起來，幾乎可與美國平起平坐。中國想從美國那邊得到的是：分配到更多的世界勢力範圍，中國南海的控制權以及自由貿易，藉此中國的經濟可以更加成長。

習近平在記者會上提起，他一直和美國總統說：「太平洋夠大，可以容納我們雙方。」他的意思是：我們應該瓜分太平洋。西半部，南韓、日本、中國東海以及中國南海，都屬於中國的勢力範圍。當然美國完全不這麼看。華盛頓政府不想要將太平洋空間分配出去，他們一如既往地視自己為此地區的領導強權。正因如此，他們還要在地區擴建基地。在北京政府看來，美國與盟國南韓、日本，因朝鮮危機而重裝的軍備，最終不是用來對抗平壤，而是瞄準著北京。最後於二〇一三年，美國在歐巴馬領導下，調派了衆多軍事機具與人員到這個地區，早已大大激怒了中國。若不是朝鮮危機，這幾乎是不可能的。習近平在記者會上，以友善的微笑帶出中國想要分得一部分太平洋的要求，這正攸關近年來中美關係的核心，並表現出中美之間暗藏的巨大衝突潛力。

向兩位總統提問，在北京是不允許的。歐巴馬最後一次訪問期間，紐約時報記者還可以向習近平提問，問他中國爲什麼封鎖西方媒體，如泰晤士報與其網站。這顯然對習近平是個不舒服的事件，他不習慣這樣的問題。習近平回答，外國媒體在中國也應該遵守規矩，他指的當然是共產黨的規矩。歐巴馬也同樣對此做出回應，他強調言論自由與自由對話的意義。當時的美國，就算在紅地毯上也高談著自己的價值。而這次的情況，川普和習近平看來似乎同樣都很慶幸不用回答任何問題。

北京訪問期間，川普隻字不提人權與民主。他不爭取釋放那些在中國遭到囚禁的人權律師，這些律師未經透明的途徑、沒有自選的律師代表、也不能夠聯絡家人。川普表現得像是，民主、自由、人權等美國價值，都不關他的事，這項訊息爲地區帶來十足的爆炸力。在中國，許多人期待開放與民主化。在南韓，幾個月前才有百萬人走上街頭，想將貪腐的女總統拉下台。這是新生代熱衷政治的有力證明。

川普似乎不明白，他不顧價值與公益精神，將一切賭在軍力與貿易關係上的美國優先的政治自私策略，可能會令他失去政治資本。因爲儘管美國在東亞史上以從未有過的強大軍力登場，卻矛盾地正在喪失影響力。有一部分要歸咎於川普。他的政策加速了時代的轉變，加速了在他之前就已開始的潮流。中國視美國爲走下坡的世界強權，把自己當作發號司令的新強權。正因如此，中國面向北韓的政策，經常莫測高深；也正是如此，中國在朝鮮半島上玩的是雙面人的危險遊戲。

Chapter 8

唇齒般緊密相依？——中國與北韓

二〇一七年秋天的一個星期六上午，北京天空藍得清澈異於往常，突然間警鈴大作嚇壞了居民。警鈴聲先穿過大街小巷，發布了空襲警報：警報六秒、暫停六秒，以此類推。宛如冷戰時期的德國，警報聲一波波穿透城市，就算不過只是演習，許多人仍驚恐地望向天空，不由自主。北京清澈的空氣令警報更加來勢洶洶。有些中國朋友已經想不起上次的空襲演習是什麼時候了。但是他們對於爲什麼現在會舉行演習，則有一致的共識。

中國在朝鮮衝突問題上的作爲，以西方眼光看來經常是莫測高深又自相矛盾的。自從北韓於二〇〇六年首次核武測試後，這個國家在聯合國安全理事會上同意所有針對平壤的制裁。二〇一七年初，中國禁止北韓的煤炭進口，朝鮮中央通訊社以通常用來訓斥美國的方式來指責北京當局，不過沒有指名道姓。朝鮮中央通訊社說，這個國家「自以爲有強權風範，但卻在美國的哨音下手舞足蹈」；毫不等待就採取了不人道的步驟，來封鎖讓人民生活水準提升的北韓對外貿易；相信北韓會因此而任人阻擾核武與洲際導彈的開發，是「天眞至極」的。

和北韓的三段式推測所做出的結論不同，中國在中朝邊界制裁的落實，其實是長期睜一隻眼閉一隻眼的。前文已經寫過，中國容忍邊界的走私，並允許中國企業與北韓密切合作。直到二〇一七年起，中國才開始正視並嚴格實施制裁。爲何中國如此拖延制裁的落實？難道他們在朝鮮問題上玩著雙面人的把戲嗎？

每回北韓導彈或核武測試後，中國外交發言人就會登上外交部新聞發布廳正面搭得很像舞台的講台上，解釋中國的世界政策。背景是一面藍牆，靠牆的中國五星紅旗給打上了燈光，紅旗前面就是演講台了。發言人總是從左方帷幕現身走上舞台，他的發言基本上總是千篇一律：先批評武器測試，再要求所有參與國面對衝突要保持謹愼，最後重複中國的朝鮮政策目標，亦即去核化與穩定。問題僅在於：隨著每一回的再度測試，情勢就更擺明了中國所追求的兩項目標還沒有達成任何一項。

中國不願意在自己的後院增加另一個核武國家，不用說是因爲金正恩的核武最終也可能成爲中國的隱憂。自從北韓開始在邊界附近核測後，北京當局便視其爲對人民的潛在威脅，並明確說明：若測試出現放射性並波及中國的邊境城市，那麼中國便會將之理解爲對本身領土的攻擊。

目前這個議題令中國多頭痛，每回我在北京訪問親近黨的北韓問題專家時都深有感觸。金正恩將中國的所有警告當作耳邊風，北京當局幾乎無法影響北韓的武器計畫，這些都讓中國怒火中燒。好似爲了證明這點，北韓總喜歡在北京出席大型國際舞台時，安排核武或導彈測試來搗亂。例如，金正恩於二〇一七年九月中國金磚五國高峰會序幕之際測試核彈。但是類似的挑釁，一點也不代表中國會背離北韓，或甚至與日本或美國達成一致利益。

相反地，若要維持地區穩定，北韓政權的維持對於中國而言意義重大。在中國看來，共產黨的強盛代表著內外情勢的安定，代表著黨的統治權不會遭受挑戰。儘管中國的情勢毫無疑問是如此，但不代表可以宣稱北韓和整個地區的情勢也相同。穩定也是中國在外交政策上頑固奉行的目標。而以北京的眼光來看，若北韓出現權力眞空狀態，才是更危險、更不安定的。

中國自認是亞洲崛起、或甚至是統治的霸權。數年來中國不斷擴張它在政治、經濟與軍事上的影響力，導致了與日本、南韓的紛爭，尤其還與自二戰後主導太平洋地區的美國起了衝突。朝鮮衝突背後因此運作的是其他更大的——中國與美國對太平洋地區統治權的角力。就算最新有關霸權衝突的新聞報導，經常遭到北韓內部核武測試的新聞與來自華盛頓的推特消息覆蓋，但是仍然可以認出北京政府的作爲，同時也解釋了爲什麼有時一眼看上去矛盾的事，實際上應該是中國雙面策略的一部分。

中國外交部的一面牆上掛著一幅世界地圖。地圖看起來和我們平常熟知的有少許不同。中國在正中央，他是中心的國度。它的左邊是中亞，最左邊是歐洲，最右邊則是美國。從這個角度看來，美國近得驚人，宛如中國的鄰國，兩者之間事實上只隔著太平洋、日本與韓國。中國的野心與對美國霸權的擔憂，在這幅世界地圖上一覽無疑。中國的大門前，座落著世界上最重要的戰略地區，幾乎代表了四分之一的世界經濟。這裡航行著最重要的航線，海底充滿了礦產與資源。

同時中國自認受到美國與其同盟國家包圍，在北京看來，日本在自家門前扮演著類似美國橋頭的角色。南韓同樣也有著大批美國軍隊在此駐紮。美國在自家後院展現的強大軍力，干擾了所有的考量，也包含了對朝鮮事件的考量。中國的目標是，遲早要改變現況，因爲他們自視是亞洲地區原本的領導強權，歷史應該要倒流，回到中國認爲是正常的時刻。

那次週六上午在中國首都哭嚎的警報聲，並非偶然要紀念冷戰那令人哆嗦的回憶。我的中國朋友認爲，很清楚那同時是兩項危機的前哨。其一：因爲核武計畫與平壤起的紛爭，導致中國也可以將目標瞄準金正恩。其二：朝鮮危機可能導致中國與美國在地區爭奪領導權的衝突加劇。

有個場景，經常放在放大鏡下受人檢視，可以看出是什麼讓中國與北韓聚合與離散。就在二〇一五年秋天，朝鮮勞動黨七十週年的閱兵儀式上，上方看台金正恩身旁站著一個身穿深色西裝的男人，他約六十歲末，比金正恩高，如中國黨領導階層習慣的一樣染黑髮。他是劉雲山，當時正是中國共產黨中央政治局常務委員會委員。這個頭銜很長，但我們可以這樣解釋：劉雲山是當時中國掌大權的第五人。這也是北京當局花費大量時間與心力的禮節，傳達出這次訪問應該要傳達的部分訊息：來者並非國家領導人、更重要的中國共產黨總書記習近平，來的不是第一人，而是第五人。中國領導人習近平和金正恩自兩人掌權以來的多年，彼此還沒見過面。他們的交流大致侷限於電報交換。

這的確値得玩味。位於華盛頓的戰略與國際研究中心不久前調查過，自一九五三年朝鮮戰爭結束後，來自北京與平壤的高階政府官員曾經碰過幾次面。大家可能會認爲這樣的政治科學眞是錙銖必較，但是在亞洲，誰與誰多常見面，正說明了他們的關係有多好。金日成統治時期，北韓拜訪中國官員有四十五人，中國拜訪北韓則有三十四人。他的繼任者金正日統治時期交流甚至更頻繁，七年的統治中，兩方的拜訪人數，相當於金日成超過三十年的統治時間。接著在金正恩掌權後卻中斷了：六年內五人拜訪北京、四人拜訪平壤。金正恩本身自上台後，還不曾離開北韓到國外旅行過。

一位中國女性朋友告訴我，在她求學時期，經常必須在高官顯貴拜訪國家時，拿出小旗，友好恭候社會主義兄弟國朋友的大駕。有一次的拜訪她記得特別清楚：她和一些人當時站在天安門廣場東南方的北京車站旁揮舞小旗，但不是很清楚此刻究竟是爲了誰才要這麼做。踏出車站的那個男人，對她這麼年輕的女學生來說，感覺非常老。男人戴著厚重的眼鏡，她還記得特別清楚，他脖子上有顆瘤。直到幾年後她才知道，那個人是金日成，那次是他由平壤搭乘火車到北京拜訪中的其中一次。北韓的掌權者不喜歡搭飛機，他們覺得不安全。招待會中他們慶祝中朝友誼，以兄弟之吻與許多敬酒詞來爲緊密的關係致意。

劉雲山在平壤時，卻不見這景象。他和金正恩並肩站在一起，向士兵與坦克揮手，對火箭炮與中程、長程飛彈鼓掌的景象，看起來很奇怪。許多繞場經過的軍事機具是來自中國或俄羅斯的產品，或是與兩大強權軍火庫裡像得令人詫異的型號。有時金正恩高高拉起劉雲山的手，好似想向自己的人民與外國媒體展示北韓與中國相處得有多好。但大部分的時間兩人僅是併排站著，各看各的，好像彼此沒有太多話好聊。

北韓軍隊踏著正步經過時，兩人站在那裡的模樣，令人聯想到朝鮮戰爭。毛澤東當時以百萬大軍援助陷入窘迫困境的北韓。根據西方估計，直到一九五三年停戰時，已有超過四十萬中國人在與美國率領的部隊的作戰中陣亡。戰爭後，中國與蘇聯共同承擔北韓鉅額的援助建設。如同往昔朝鮮王朝進貢給中國皇帝，北京共產黨領導人視朝鮮爲緩衝國，可以保護中國不受其他強權、尤其美國的侵犯。毛澤東曾說過，中國和朝鮮有如齒與唇，「唇亡則齒寒」，朝鮮是唇、中國是齒，從中便可以看出中國是如何根據自己的理解，來分配權力與任務。

從古至今，各強權涉及勢力範圍的角力競爭，總圍繞著朝鮮。朝鮮戰爭後是中國和蘇聯，他們視自己爲社會主義強權，相互競爭日益增強。金日成也理解這一點，並利用他們的競爭來達成自己的目的。若北韓與蘇聯也緊密結盟，中國通常不會對這樣的挑釁有太大的反應，反之亦然。停戰三年後，金日成在朝鮮勞動黨內部迫害親中國的延安派黨人。北京當局介入後，莫斯科起初承諾重新接納遭開除黨籍的延安黨人，並爲其平反。但事實上卻緊接著開始一波新的清洗，許多黨人從北韓逃往中國。

毛澤東最終忍下了這件事，因爲他另一邊擔心，北韓可能向蘇聯靠攏。此外還在金日成的要求下，撤離了仍留在當地的中國人民軍軍隊。北韓於一九六一年甚至成功地與中國及蘇聯各自締結友好與軍事結盟。兩邊的條約基本上規定兩強權在經濟上的援助以及防禦聯盟。條約是有年限的，莫斯科方面的條約現今已經失效。與中國的結盟最後於二〇〇一年更新，因此至少要延續至二〇二一年。

條約裡關鍵的是第二條，裡頭稱中國與北韓保證共同採取一切措施，防止任何國家對締約雙方的任何一方的侵略。一旦一國遭受攻擊，另一方應「立即盡其全力給予軍事及其他援助」。此外條約還規定，朝鮮的統一必須在和平及民主的手段下實現，然而中國和北韓對於民主的理解當然十分不同，亦即沒有人比共產黨能更好地詮釋與定義無產階級的意願。此外還提到，這種解決方式正符合朝鮮人民的民族利益和維護遠東和平的目的。這在當時聽來就像試圖阻攔金日成再度發動如朝鮮戰爭般的武力統一。

與兩大強鄰締結的兩項條約，顯示出北韓有多巧妙地利用兩強競爭來爲自己圖利。金正日成功實現了莫斯科與北京當局義務提供軍事援助，以及對北韓同樣重要的經濟援助與支持。

由於與中國締結的條約仍然有效，因此若其他強權國家例如美國攻擊北韓，那麼至少北京當局在形式上有提供協助的義務，這也讓北京傷透腦筋。《環球時報》於二〇一七年春天發行的的一次頭條上提問，是否應該廢除《中朝友好合作互助條約》。這份報紙似乎受到中國共產黨的機關報《人民日報》的保護，雖然此報不一定是黨的傳聲筒，但據說在許多事件上幾乎完整複製了北京當局的姿態。報紙上寫著，這項條約曾經用來阻止首爾與華盛頓落實對抗北韓的攻擊計畫。但中方看來，北韓的核武與導彈測試提升了自己與美國武力碰撞的危機。「自二〇〇一年條約延長以後，情勢便大幅改變了。」《環球時報》寫道。幾個月後《北京日報》說得更清楚：「中國應該清楚表態，若北韓以發射導彈來威脅美國而遭到還擊，那麼中國是否將維持中立。」

這項說法十分耐人尋味。此說法最終當然符合條文規定的，只在防禦情況下提供協助。但北京當局因此在親黨報紙的社論文章上清楚表態，顯示出中國政府對金正恩計畫的擔憂與不信任。同時也顯示出，若美國在唐納．川普的領導下，決定對北韓採取預防性攻擊，可能出現怎樣的危機。在這種情況下，中美兩世界強權間一直僵持的軍事衝突，也將出現危機。

中國於一九七〇年代末期在鄧小平的領導下，開始了改革開放政策與資本主義實驗。中國因此改頭換面，如今成爲世界第二大人民經濟體。北韓卻不願走上這條路，當地始終視資本主義實驗爲背叛社會主義思想。在共產黨領導下，把所有權關係當作社會主義或企業主可以追求自己的盈利，對平壤當局是天方夜譚。中國歷史的翻轉對於北韓而言，甚至是對北京特別不信任的理由。他們擔心，強大的鄰國可能會將他們的體制套在弱小的鄰國上，直到今日，金家王朝仍迫害著可能發起政變的親中派系。

一九九〇年代初期，中朝關係的衝突表現得特別清楚。北京另一方面與北韓的心腹大患南韓建立外交關係，震驚了平壤當局。中國經濟起飛快速，同一時間南韓也經歷了相同的崛起：亞洲四小龍的經濟奇蹟，經濟上突然將北韓同胞國遠遠拋在腦後。對於崇尚實用主義的中國人來說，如今出自經濟理由，拉近與南韓的距離、與首爾建立外交關係，並疏遠北韓是全韓唯一正當國家的概念，他們不認爲這些作法有什麼問題。

另一方面，隨著蘇聯的解體，北韓喪失了最重要的貿易夥伴，也因此失去了至今一直源源不斷的重要經濟援助。這段時間內，蘇聯和中國期待北韓償還數十億的債務。中國希望，北韓在衝突情勢中，善用中國經驗並改變本身經濟體制的方向。然而北韓並未這麼做。不過這段期間北韓與中國的貿易量依舊持續上升，一九九〇年代初期，中朝貿易量剛好占了全朝鮮貿易量的百分之十，到了一九九〇年代末期，已經上升到了百分之三十。

儘管經濟占了壓倒性的上風，中國仍陷於朝鮮問題的兩難處境中。中國的強盛可展現在政治影響中的十分有限，金正恩於二〇一一年掌權後，更是明顯。經過初期短暫的穩定階段後，金正恩自二〇一三年起，於北韓開展了新一波對親中派系的清洗。這一著棋另人不得不聯想到他的祖父、前任掌權者於一九五〇年代末期對付延安黨人的事件。好似北京當局可能透過部分掌權菁英，贏得對平壤的影響力，這樣的外來勢力令金正恩坐立難安。

為何中國卻默默忍受？為何他們不施加更多壓力？這個大哉問，也令許多西方觀察家絞盡腦汁。北韓經濟上可是強烈依賴著中國呀！卻仍一再成功地利用主權為所欲為。

據說其中最重要的理由是，雖說北韓的角色重要，但在規模更大的角力競賽中，也不過是一枚棋子罷了。中國在意的不是該如何對付北韓的核武軍火，他們在意的是誰在亞洲說了算，以及中國如何、何時才能落實與美國平起平坐的霸權地位。

這於二〇一七年十月，北京的第十九屆共產黨黨代表大會中，清楚可見一斑。黨大會遵循著積了灰的老舊儀式，好似我們還活在上個世紀的一九六〇年代裡：人民大會堂裡，講台上裝飾著五星大紅旗，前方坐著一排排的黨中央權貴。廳裡坐著大約兩千三百位代表，他們唯一的任務是，在正確的時間點將總書記演講稿的稿子翻面。習近平在黨大會開幕這一天，講了超過三個半小時的話。就算對中國共產黨而言，這時間也長得不尋常，大概只有在斐代爾．卡斯楚的演說中才見得到。習近平演講完回到座位時，他的前任胡錦濤，表情半是訝異、半是不可置信地指著他的手錶，但習近平不把這當一回事。胡錦濤做這動作的時候，習近平早已從小聯盟擠進大聯盟，黨大會將他抬舉到與毛澤東、鄧小平——中國共產黨神聖支柱相當的階級。習近平的思想就是黨思想的一部分，誰要膽敢批評他，未來就是反對黨的本身基礎。

因此習近平在這場演講中所談到的中國外交政策也十分關鍵。他當然沒有提到北韓，不過卻提出了一個大概放眼四海都聞所未聞的計畫。這是一個讓中國躋身世界強權的計畫，囊括不少於三十年的時間。習近平在演講中對黨與世界侃侃而談，說中國在這段時間將如何發展，而世界應該如何配合調適，當然也包含了北韓與世仇美國。

首先是中斷中國經濟起飛這幾十年間的外交方針，至今以來一直使用的鄧小平主張，亦即中國應該在外交政策上隱藏力量，暫勿輕舉妄動。習近平則認爲應該要全面展現中國的力量。類似十九世紀末期，威廉皇帝時代的德國要爭奪「陽光之地」，亦即歐洲以外的殖民地，如今中國也要爭取他們在世界舞台上的位置。

我想不到以往有哪個其他國家或政府元首，曾一談話就大膽談到三十年以後。尤其因爲他還說，中國最終將成爲和美國平起平坐的新世界強權，那麼想必他一定胸有成竹。圍繞著朝鮮的衝突，有時覆蓋住時代的轉變，但轉變在這層包裹之下只會鼓動得更加強而有力。不只在南海的何處與如何部署基地，還有中國於全地區的軍隊部署關係，都十分引人玩味。中國也不洩露自己的目的，所謂的軍事角色與目標白皮書，也不過就集合著一堆陳腔濫調。然而只要看看美國國防部文件，就可見到美國早就掌握到，亞洲有哪些形式的競爭勢力已經成長，他們也因此運用著相當的資源，來瞭解中國軍隊的行動以及他們追求的目標。宛如下棋，關鍵在於如何部署棋子。

想像一下若東亞區域眞是西洋棋盤，那麼北韓，也就是中朝邊界，大約位於中國的左側城堡的位置。以中國視角來看，美國將他的棋子在中國沿海前一字排開，也就是南韓、日本、台灣與菲律賓，幾乎是所有包圍著中國的太平洋大島。而中國正在東海與南海擴大他的軍事勢力。過去幾年來，在東海與南海的無人沙丘上，開發出一些軍事基地。中國人稱呼這些沙丘爲西沙群島以及南沙群島，群島大約位於中國的右側城堡的位置。在一些例如美國國防部出版的衛星圖片上，可以找到這些地方。圖片上沙丘處總用方塊標示出來，美國人稱其爲中國的原始前哨，這指的是：以前那裡曾經有過什麼，但看呀，現在那裡又增添了些什麼——新建的港口、跑道、儲水與儲油場，以及武器與通訊設施。戰鬥機與轟炸機可以降落在這些基地，中國的海軍能夠加油與補充物資。

中國將它認定好的疆土，很早以前就已經劃出所謂的「九段線」，基本上將整個南海都劃在中國的勢力範圍之內。這條界線是出自中國的筆下，最終也僅有中國承認它。但至少可令人看清北京當局的野心。二〇〇九年中國寫給聯合國的信中再度清楚重申：「中國擁有中國南海島嶼與鄰近海域的絕對主權。」他們是這麼宣稱的。依照北京看法，這權利也包含了海床，也就是剝削當地大概有的大量石油與天然氣資源。

美國軍隊以及他們所有的衛星圖片都很感興趣的中國基地，正位於界線範圍內。界線由越南海岸起，經馬來西亞與菲律賓的海岸線往北方上去，結束的地方還有許多開放空間。中國視爲變節省的台灣，大約落在王后的位置，中國輸給了對手，想要把它贏回來。在中國東海的某個島嶼也有爭奪戰，日本人稱它爲尖閣諸島，中國人稱它爲釣魚台。若看看這個島，那麼這場爭奪戰感覺上便誇張得奇怪：不過是覆蓋著鳥屎與築巢海鷗的海中岩塊。然而，這岩塊擁有必須持有的重要戰略地置，它是國王與王后的小兵。

兩大強權相爭的棋盤上，中國熱帶島嶼海南島大約位在右側主教的位置上。那裡部署著重要的海軍組織，中國的核武潛艇以及所謂的漁夫民兵，也是中國戰略上重要的一部分。

二〇一六年一個溼熱的夏天中午，一些漁夫躺在他們停靠在潭門漁港船上的吊床上。旁邊有人正將冰塊刷刷裝進漁船船腹裡。這些冰塊是給他們在南海外頭捕捉到的魚保鮮用的。此外，出海時漁夫還會帶武器在身上，但他們並不常亮出武器。很多漁夫屬於民兵，他們是中國在爭奪南海統治地位的矛尖，在中國海軍按兵不動之處向前衝鋒。

這天中午，大部分的漁夫都不願意和我講話。他們裝忙，好像正好必須卸下那沒多少的漁獲，或是忙著吃飯，不過碗裡飯菜差不多都已經吃完了。只有劉先生沒有馬上背對我。他將剩下的冰塊剷進船裡，接著把汗擦乾，說：「南海屬於中國，我們的祖先老早就在那捕魚了。爲了保衛南海，政府叫我們做什麼，我們就做什麼。」

北京的論點是：海南島漁夫在南海上航行已久，因此中國擁有此海域約百分之九十的面積。中國提供漁夫軍事訓練、武器與買大船的錢，好讓這些民兵更爲強大。

謝順斌二十出頭，身材結實，穿著黑上衣，他將裝漁網的手推車放下，加入我們的對話。他邊聽劉先生的話邊點頭。他也這麼想嗎？「當然，我們必須用生命與武器來爭取南海。否則其他國家決不會承認我們的主權。我相信，這個問題只能用武器來判定。」

一條船正駛離港口，岸邊有個家族在燃放炮竹，在正午炙熱的天氣下霹啪作響。這樣一來，便可帶給漁夫捕魚時運氣，並庇佑他安全返航。但這炮竹，感覺讓啓航好似變成軍人上戰場，帶給人危機四伏的第一印象，彷彿海外頭將發生什麼似的。謝順斌說：「如果菲律賓人占領了西沙與南沙群島，那麼他們立刻就會交給美國軍隊，到時我們這些中國漁夫就有大麻煩了。」海南島前方的西沙群島，其他國家稱爲帕拉塞爾群島，而南沙群島則稱爲斯普拉特利群島，越南與菲律賓也同樣宣示他們擁有主權。名稱的不同，也顯示出國家間的矛盾，名稱與各個國家在島上插上的國旗一樣，都是用來宣示自己的主權。那些爲了生計擔憂而互爭的漁夫，各強權將他們當作爭奪區域統治權的工具，他們宛如西洋棋裡的小兵，是最先被派上場的，作用是劃下戰鬥的界線。

中國海岸防衛隊在這場遊戲中也絲毫不客氣。他們驅逐鄰國的漁船，有時還故意撞他們。中國與美國爭權奪利，爭的是島上基地、捕魚權以及海底資源。二〇一三年，菲律賓於海牙國際法庭控告：北京侵占土地有違國際法。法庭所見亦同。法庭判決，中國的主權宣示是沒有根據的，程序是違法的。海牙駁回中國大範圍的領土主權，是一項歷史性的決定。可想而知，北京政府反應十分憤怒。他們一開始就不承認這次的訴訟程序，也不接受判決結果，外交部發言人如此轉達。

判決雖然有約束力，但是面對中國卻沒有落實的機會。中國現在大可以擴張他們的軍事勢力。菲律賓在羅德里戈．杜特蒂當選總統的選舉後，核心價值翻轉。關於島嶼問題，杜特蒂同意直接與中國對話，也許是那超過兩百四十億美元的投資與貿易協定從旁幫了大忙。許多計畫項目一如既往，不過只是意向書，但偏偏是這個和美國在地區長年結盟的菲律賓，基本上放棄去反對中國在南海的土地占領，明顯可見新的聯盟正在此地形成。西洋棋的比喻在這裡便行不通了，因爲棋局裡，可以打倒或封鎖對方，或防禦自己，但是卻不能將對手的棋子拿到自己的陣營裡，來爲自己效勞。

中國畢竟在戰略中使用經濟力量嚐到了甜頭，這項策略甚至有個名稱：一帶一路（新絲路）。這名稱聽起來像是要復興舊的貿易路線，但事實上只不過是中國的工具，要將它的影響力擴大到特別是中亞地區甚至更遠的地方。國家領導人習近平於二〇一七年北京「一帶一路」高峰會上，向世界各國前來的政府代表人允諾了九千億歐元。對許多人而言，這理念聽來過於美好而難以成眞。新絲路幾乎無所不包：在斯里蘭卡與非洲之角的吉布地市蓋中國海港、直通德國杜伊斯堡的貨運火車線路、中亞的大規模基礎建設項目等。

中國是怎樣一個自說自話的亞洲強權，南韓也才剛見識過。在這桌想像出來的棋盤上，南韓的位置大約是對手的城堡。美國在此地安裝了薩德反飛彈系統，原本是要用來保護南韓不受北韓飛彈襲擊，這座防禦系統蓋在南韓南部。中國當時強力反對，因爲他認爲，飛彈防禦系統不止保護南韓不受北韓飛彈攻擊，還可能影響到中國本身核武恫嚇的實現範圍。

中國因此對南韓實施了經濟上的懲罰措施，尤其針對經營大型超市與旅館、在中國也大量投資的樂天集團。樂天集團在南韓提供了一個高爾夫球場，給薩德防禦系統部署飛彈。中國一夜之間開始注意到，據說樂天在中國的各個駐點，沒有遵守全部的防火規定，許多樂天商店必須關閉。爲南韓帶來可觀的外匯收入的中國旅行團全都取消。在中國影音網路頻道還流通著一些影片，影片中，中國記者在南韓採訪路人，問他們覺得中國和美國那個國家比較酷。因爲大多數受訪路人都覺得美國比較酷，引燃了中國自由派年輕人的怒火，挑起了中國國家主義敵視南韓的浪潮。這一切都正巧發生在北京與首爾政府，在防禦計畫出現衝突的時間點上。

美國總統川普訪問北京不久前，中國與南韓便已達成共識，南韓承諾，不額外增加安裝薩德防禦系統砲台，而中國姑且同意南韓保留已裝置完成的系統。這是中國在此地區域弄權，來侷限美國於亞洲太平洋地區勢力的好例子。

中國策略中同樣意味深長的還有，他們如何將軍隊集中在中朝邊界上。邊界一帶基本上少有人居，有著遼闊的針葉林帶、山群，再往東邊過去則有煤礦。這裡沒有如北京、上海或廣州等大都會，也因此，此地所有的基礎建設政策也越令人瞠目結舌。以往辛苦蓋成的山間鄉道小徑，如今成爲了隧道與四線道。與北韓交界的長白縣，感覺有一半的街道才剛剛整修過。到處都看得到新建的軍營，近期大概有十五萬名士兵加入駐紮此地。在美國國防部的地圖上，光是中朝邊界沿線就有三大部隊駐點。附近還有三個戰鬥機基地、空軍地區司令部以及特種部隊基地。中國海軍還在青島擁有重要的基地，也就是朝鮮海岸的對面，並且在渤海灣與北韓海岸前，才剛上演過大型軍事演習。這一切意味著，若平壤政權垮台，那麼中國將做好萬全準備。而美國與南韓也發展出若政權垮台的對應計畫，不讓北韓大規模毀滅性武器（化學、生物與核子武器），落入不該得到的人的手裡。

中國在朝鮮事件上，處於策略上的兩難。中國當然不想要平壤成爲核武強權，並且也在美國的施壓下採取對付平壤的措施。光是因爲他們不想和美國打貿易戰，就足以令北京當局如此行動。然而比起北韓的核武，中國更擔心北韓垮台，因爲這就意味著，可能會有數十萬甚至上百萬的北韓難民，蜂湧至中國東北方，地區將因此動盪不安。

尤其類似朝鮮戰爭般的類似腳本可能重新上演，導致世界可能面臨第三次世界大戰：事實上，當初美國麥克阿瑟將軍帶領部隊，越過三十八度緯線朝鴨綠江方向中朝邊界前進，就曾是北京政府發動百萬大軍作戰的導火線。而基本上北京當局至今的觀點仍未改變。若美軍與南韓軍隊越過三八緯線朝北韓進軍，中國將視其爲威脅，他們可能會將邊界沿線部署的全部軍團都往北韓送，接著也許會導致中美開戰。

美國一再發出訊號，想要避免類似衝突。美國駐亞洲的衆將領再三嘗試與中國對話，討論關於可能出現的北韓垮台的情況。到時候可能會發生什麼？誰該怎麼做？以及如何排除導致兩大強權開戰的誤解？協調出若北韓政權垮台，兩方軍隊該如何反應的警急方案。然而一直不斷強調他們在軍事上做好對話準備的中國，恰好對此事遲遲未做好準備。他們不想要向美國保證，會採取大量攻擊性的措施來對付北韓。

關於朝鮮，中國與美國在根本上有著截然不同的利害關係。美國人始終將政權垮台納入他們的計畫，但北京依舊堅持著那項老原則，北韓代表著中國的唇、戰略上的緩衝區。北京完全不能允許美國將他們的勢力範圍擴張至邊界，到達鴨綠江。因此在朝鮮半島一事上，中國尤其關心的是不讓衝突升級。改變現狀或甚至平壤政權輪替，至少不是中國此時想要的，因爲這只會對中國不利。這副大棋盤上左側的塔太重要了，他們無法放棄。

中國爲了舒緩朝鮮衝突所提出的建議，也正好走的是這個方向。北韓應該放棄接下來其他的核武與導彈計畫。反之，美國與南韓應該撤消他們將北韓當作攻擊目標而做準備的軍事演習。這項建議對自己有許多好處，因爲可以避免來自雙方的軍事威脅舉動，並能夠開啓協商的道路。還有一個理由使得這建議對北京有利無弊：透過美國與南韓停止軍事演習，可能導致北韓中斷軍備擴充。

若將圍繞著北韓的大區域，當成是中美暗中較勁的權力鬥爭舞台，那麼就很清楚可以知道，兩強在朝鮮衝突上究竟追隨著什麼樣的策略。然而不但僅在早期，現在這兩方玩家之間又再度加入了第三方：俄羅斯與北韓之間，擁有大約十七公里長的邊界。面對北韓，佛拉迪米爾．普丁可以說位在中國的背風處。就在多數國家限制他們與北韓的貿易關係，連中國也開始更嚴厲地實施聯合國制裁，更頻繁地檢查貿易與通往北韓的邊界交通之際，俄羅斯卻開始推動不同的火車新線路計畫，以及放寬對北韓的簽證條件。北京與莫斯科從前的競爭，在這些問題上又死灰復燃：究竟誰對北韓有更大的影響力呢？中國和俄羅斯是否一如既往，是抗美與全東亞地區勢力的競爭對手？

不論如何，普丁是最反對嚴格制裁的國家領袖，也是最嚴厲批判唐納．川普的威脅恫嚇之人。莫斯科當局當然在北韓也有自己的利害關係。普丁也不希望北韓政權垮台，因爲他同樣相信，這麼一來僅會使美國的勢力擴大到整個朝鮮半島，直達俄朝邊界。雖然普丁也同意了制裁，但是他並未眞正落實。

中國爲平壤套上緊箍圈，制裁落實得越嚴厲，俄羅斯對北韓的讓步就越大。

基本上一切自始至終都沒變，朝鮮半島是各大強權爭權奪勢的一著棋。棋局中最令人深感不安的是，北韓，當然還有中國、俄羅斯、美國，全然都以各自的利益爲導向，並做好了冒極大風險的準備。這裡沒有人以安全爲先，於是，北韓及各大強權賭上的是我們的安全。這裡逼近的是，人類史上尚無前例的——來回的核打擊，也就是核武大戰。那個週六上午在北京城中四處迴響的警鳴聲，正如事件揭幕前的響亮鈴聲。大家應該抓緊時間，北韓、各大強權再加上日本、南韓，應該一起坐上談判桌，爲這場衝突找出一條出路。與北韓協商的冗長歷史上，除了所有的欺騙與失敗之外，還收集到了足夠的經驗，也許這一次，我們能夠成功。

後記——威脅是？對策是？

二〇一五年一個秋天早晨，平壤地底下一百公尺深處，有個驚喜正在等著我。我的北韓監視者和我搭乘永無止境的手扶電梯向下，前往地鐵復興站。這是什麼樣的地鐵站呀！還不如說，更像是畫著巨大宣傳壁畫的地底大教堂呢。一幅畫上，清晨的光線撒下，建國者金日成與眾工人邁步在電塔與煙囪前。復興的意思是「重新興盛」，指的當然是從朝鮮戰爭的毀滅後北韓重新興盛起來。原先也是這位笑容滿面的金日成將國家帶入災難中，在這裡則見不到任何痕跡。當然第一眼也看不出來，這座車站可以用來當作新戰爭的核子防空洞使用，各入口的鋼鐵大門是無法一眼就認出來的。

原來說的驚喜，不久後跟著駛入車站。電聯車漆上大紅色與開心果綠，奇怪的是我居然覺得很熟悉，怎麼可能呢？我一上車看到褐色的車廂內裝、扶手與紫黑斑點的坐墊，一股懷疑便襲上心頭。我坐下來，發現窗戶上的刮痕，我想起來了。我很清楚在哪裡見過，當然我還坐過，甚至還經常坐——這是連接東西柏林的柏林地鐵U2線。

電聯車的確來自柏林，當地甚至爲它取了一個漂亮的型號名稱，叫做「朵拉」。一九九〇年代末期，柏林足足賣了一百台的朵拉雙驅動列車給平壤，此外還有六十台較小的吉瑟拉電聯車。這段時光不論在北韓或是全世界，都與今日完全不同。當時的外交部長約瑟夫·菲舍爾決定與北韓建立外交關係，並希望藉此能夠支持南北韓拉近關係。此後德國是少數幾個在平壤有大使館的國家。在這之前的幾年，一九九四年的秋天，美國和朝鮮於日內瓦簽下了朝美框架協議，出現了親近與裁減軍備的預兆。協議中基本上規定，朝鮮應該放棄試圖製造武器用鈽。交換條件是，他們可以從美國獲得國家能源供應的幫助。此外，還包括了相互的安全保障、於華盛頓與平壤設外交聯絡辦事處，甚至還有廢除制裁。協議失敗，因爲北韓偷偷繼續進行核武計畫，而美國相對也不維持他的承諾。

在平壤地鐵站兼核防空洞進站的柏林朵拉電聯車，令我聯想到爲了平息朝鮮衝突而製造出的所有機會。西方與北韓的距離究竟曾經有多接近，而兩方今日的距離又遠得多危險。我們可以像唐納·川普一樣，批評並指責朝美框架協議與所有的外交解決方案，但是以軍事來解決的代價，實際上高得嚇人，甚至比當初入侵阿富汗或伊朗的代價都還要高。

北韓很有可能即將試圖向世界證明，他們現今已成爲了核武強權。北韓外交部長李勇浩於二〇一七年秋天就已經宣告過，國家將計畫於太平洋上空進行「史上最強的氫彈試爆」。類似的大氣核彈測試的腳本可能會如此設計：裝著核子彈頭的導彈將從北韓射往太平洋的方向，導彈將離開地球的大氣層，接著再重回大氣層裡，引爆裝置在海洋偏僻的區域上方爆炸。若一切進行順利，那麼金正恩就證明了他這幾年來一直追求的事情：北韓的確有能力建造裝上核彈頭的導彈，能夠抵抗回到地球大氣層時的巨大力道，並準確地抵達目標。這麼一來，北韓就是能夠以武器威脅地球上任何一個國家的核武強權。

類似測試的風險很巨大。北韓裝著眞正核爆裝置的導彈，可能在發射時就爆炸，這在過去經常發生。如此一來，大範圍的北韓甚至中國都有可能遭到輻射汙染。也有可能，引爆裝置在回到大氣層時爆炸形成輻射雲，在遼闊的空間上方擴散，尤其南韓、日本以及太平洋島群，都會在核試驗中遭殃。

而政治上的風險甚至更高。類似核試驗觸犯了禁忌。將近四十年以來，已不再有過任何大氣層核試驗。最後一次是在一九八〇年秋天，中國於塔克拉瑪干沙漠所進行的。二〇一七年十二月初，美國總統唐納．川普的國家安全局顧問麥馬斯特就曾提出警告，與北韓開戰的危險「與日俱增」，麥馬斯特說：「爲了解決這個問題，我們在跟時間競賽。除了武裝衝突之外，還有其他的出路，但這是一場賽跑，因爲問題越來越靠近，而時間所剩無幾。」

我們應該非常認眞看待那些大談戰爭的掌權者，因爲他們大部分都不是在故弄玄虛。目前會讓我們陷入最糟困境的是，那些不切實際的目標、相互威脅、與各種外交方法的缺席，外交至少可以爲雙方建立起少許的理解與信任。北韓將不會順唐納．川普的意，放棄核武。

不管喜不喜歡，大概不出意料，大家必須接受北韓爲核武強權的事實（不管有沒有大氣核試驗）。接著我們要找出一條路，來應付這個手握核武肆無忌憚的獨裁者。例如冷戰時期的恫嚇是一條路，這條路清楚指出，以核武來消滅敵人，不可避免也會爲自己本身帶來毀滅。美國與蘇聯之間的恐怖平衡也許並非是最有吸引力的範例，但會造成上百萬犧牲者的災難性戰爭更令人倒胃口。

恫嚇也許能夠開啓協商的大門。二〇〇九年失敗的六方對話的與會者，必須再度共聚一堂。中國所謂的「各退一步」建議，也就是同時暫停北韓的核武與導彈測試以及美國與南韓的聯合軍演，可能成爲第一步。許多人談論，在各重要強權的協商中，在這場介於南北韓、美國、中國、俄羅斯與日本的衝突中，德國應該可以當協調者的角色。包圍北韓的新冷戰情勢，早就波及並威脅到歐洲了。德國本身曾經歷過分裂的歷史與冷戰的核恫嚇，有與平壤政府對話的管道，這是其他許多國家沒有的。而德國駐平壤大使館成爲協商的地點，也不是第一次了。無論如何，這是一個避免新冷戰以核災作結的機會。

類似的協商，也將會代表金正恩的王牌最後至少起了部分作用。他的鎮壓體系、政治勞改營與對異議人士的迫害，大概一開始還會持續下去。而制裁將放寬，也許還有給北韓的經濟救助。作爲交換條件金正恩本身也應該提供些什麼。世界可能會將取消制裁，結合其他人道要求如解散勞改營。他們可能要求北韓承擔義務，不將致命性武器系統賣給其他流氓國家或恐怖組織。最終北韓必須對南韓與日本做出安全承諾，限制並減少自己的核武。這麼一來可以阻止地區軍備競賽。

但是不能保證，此番協商不會落得和以往類似下場，北韓不遵守承諾，繼續他的武器大業。因此各方面看來，都必須強制擁有國際監視系統。所有面對朝鮮危機的選項中，協商依舊是最好的。

當然，協商能不能成功，端看兩件事，這兩件事目前看來似乎還是痴人說夢：首先，北韓和各相關國家之間要有最微薄的信任；其次，中國與美國在亞洲的強權角力問題要釐清。兩強權要在身爲競爭地區領導地位的對手之際，同時嘗試在朝鮮問題上合作。這應該難以順利進行，美國將不會輕易承認中國爲第二個超級強權，並讓他的勢力進入南海。果眞如此發生，那麼兩國便可共同牽制北韓。

那麼，時代將會轉變。只是外交代表的還有承認現實，並考量使其和平成形。

在我們清楚北韓的軍火庫中有些什麼之後，便沒有使用有限度的軍事攻擊的可能性。戰爭不會帶來光明，只會出現核子大戰的危機，屆時全世界都將遭殃。因此，此時此景，協商可謂刻不容緩！

附錄

Abe, Shinzo, »Solidarity Against the North Korean Threat«, in: *New York Times,* 17. September 2017.
Albright, David, »North Korea's Nuclear Capabilities, A Fresh Look«, Institute for Science and International Security Report, 28. April 2017.
Ders., »Shenyang Machine Tools Company«, Institute for Science and International Security Report, 13. April 2017.
Bandi, *Denunziation, Erzählungen aus Nordkorea,* München 2017
Bennet, Bruce W., »Preparing North Korean Elites for Unification«, RAND Corporation 2017.
Bermudez Jr., Joseph S., »North Korea's Development of a Nuclear Weapons Strategy«, in: *US-Korea Institute at SAIS* 2015 (www.uskoreainstitute.org).
Ders., »A History of Ballistic Missile Development in the DPRK«, *James Martin Center of Nonproliferation Studies, Occasional Papers No. 2,* November 1999.
Cha, Victor, »Countering the North Korean Threat: New Steps in U. S. Policy, Statement before the House Foreign Affairs Committee«, Center for Strategic & International Studies, 7. Februar 2017.
Ders., *The Impossible State, North Korea, Past and Future,* New York 2013.
Chapman, Bert, »2017 Defense Department Report on Chinese Military Power«, in: CPI Analysis, 22. Juni 2017.
CNS North Korea Missile Test Database, http://www.nti.org/analysis/articles/cns-north-korea-missile-test-database/(abgerufen 14. Dezember 2017).
Cohen, Roberta, »A New UN Approach to Human Rights in North

Korea, The 2017 Special Rapporteur's Report«, in: *38North*, 7. Dezember 2017.

CSIS Missile Defense Project, Missile Threat, »Missiles of North Korea«, https://missilethreat.csis.org/country/dprk/(abgerufen 2. Oktober 2017).

Davenport, Kelsey, »Chronology of U. S.-North Korean Nuclear and Missile Diplomacy«, https://www.armscontrol.org/factsheets/dprkchron (abgerufen 10. November 2017).

Demmick, Barbara, *Nothing to Envy, Ordinary Lives in North Korea*, New York 2010.

Department of Defense, »Annual Report to Congress, Military and Security Developments Involving the People's Republic of China 2017«, https://www.defense.gov/Portals/1/Documents/pubs/2017_China_Military_Power_Report.PDF (abgerufen 5. November 2017).

Department of Justice, »Four Chinese Nationals and China-Based Company Charged with Using Front Companies to Evade U. S. Sanctions Targeting North Korea's Nuclear Weapons and Ballistic Missile Programs«, 26. September 2016, https://www.justice.gov/opa/pr/four-chinese-nationals-and-china-based-company-charged-using-front-companies-evade-us (abgerufen 4. Oktober 2017).

Fischer, Hannah, »North Korean Provocative Actions, 1950–2007«, *CRS Report for Congress*, 20. April 2007.

Food And Agriculture Organisation of the United Nations (FAO), »Democratic People's Republic of Korea«, http://www.fao.org/countryprofiles/index/en/?iso3=PRK (abgerufen 4. Oktober 2017).

Frank, Rüdiger, *Nordkorea, Innenansichten eines totalen Staates*, München 2017.

Ders., »The 7th Party Congress in North Korea, A Return to New Normal«, in: *38North*, 20. Mai 2016.

Gomi, Yoji, *My Father Kom Jing-il and I*, Tokio 2017.

Harnisch, Sebastian, »The Military Alliance between North Korea and China«, auf: http://www.uni-heidelberg.de/md/politik/harnisch/person/publikationen/harnisch_sino_dprk_military_alliance_2017.pdf (abgerufen am 14. Dezember 2017).

Ha Tae-keung und Choi Byeong-seon (Illustr.), *The Great Successor*, Seoul 2012.

Hoare, James E., *Historical Dictionary of the Democratic People's Republic of Korea*, Lanham 2012.

International Institute for Strategic Studies, *The Military Balance 2017*, London 2017.

Kim Chong-woo und Puri, Samir, »Beyond the 2017 North Korea Crisis, Deterrence and Containment«, *Asan Institute for Policy Studies Issue Brief*, 22. November 2017.

Kretchum, Nat, Lee, Catherine und Tuohy, Seamus, »Compromising Connectivity, Information Dynamics between the State and Society in a Digitizing North Korea«, *InterMedia* 2017.

Lankov, Andrei, *North of the DMZ, Essays on Daily Life in North Korea*, Jefferson 2007.

Ders., *The Real North Korea, Life and Politics in the Failed Stalinist Utopia*, Oxford 2014.

Lewis, Jeffrey, »North Korea's Nuclear Weapons, The Great Miniaturization Debate«, in: *38North*, 5. Februar 2015.

Lim, Andy und Cha, Victor, »New Dataset, China-DPRK High Level Visits Since 1953«, *Beyond Parallel, CSIS,* 17. März 2017.

Lukin, Artyom und Zakharova, Liudmila, »Russia-North Korea Economic Ties, Is there more than Meets the Eye?«, in: *Foreign Policy Research Institute,* Pennsylvania 2017.

Mansourov, Alexandre Y., »Kim Jong-un's Nuclear Doctrine and Strategy, What Everyone Needs to Know«, in: *NAPSNet Special Reports,* 16. Dezember 2014.

Martin, Bradley K., *Under the Loving Care of the Fatherly Leader: North Korea and the Kim Dynasty,* New York 2006.

Mrosek, David M., *China and North Korea, A Peculiar Relationship,* US Department of Defense 2017.

Merrill, John, »Inside the White House, The Future of US-DPRK Policy«, in: *Korea Observer,* 47/4, Winter 2016, S 881–902.

Ministry of National Defense, Republic of Korea, »2016 Defense White Paper«, http://www.mnd.go.kr/user/mndEN/upload/pblictn/PBLICTNEBOOK_201705180357180050.pdf (abgerufen 2. November 2017).

Ministry of National Defense, The People's Republic of China, »China's Military Strategy«, http://eng.mod.gov.cn/Press/2015-05/26/content_4586805.htm (abgerufen 28. November 2017).

Nanto, Dick K., »North Korea, Chronology of Provocations, 1950–2003«, *Report for Congress,* 18. März 2003.

Oberhofer, Don und Carlin, Robert, *The Two Koreas: A Contemporary History,* New York 2013.

Office of the Secretary of Defense, »Military and Security Developments Involving the Democratic People's Republic of Korea, Report to Congress«, Washington DC 2015.

Office of the Secretary of Defense, »DMDC Location Report« [US-Truppen im Ausland], www.dmdc.osd.mil (abgerufen am 14. Dezember 2017).

Reed, Thomas C. und Stillman, Danny B., *The Nuclear Express, A Political History of the Bomb and Its Proliferation*, Minneapolis 2010.

Recorded Future Insikt Group, »Report, North Korea Cyber Activity«, https://go.recordedfuture.com/hubfs/reports/north-korea-activity.pdf (abgerufen 18. Oktober 2017).

Shen, Zihua und Xia, Yafeng, »China and the Post-War Reconstruction of North Korea, 1953–1961«, in: *North Korea International Documentation Project, Woodrow Wilson International Center for Scholars*, Working Paper Nr. 4, Mai 2012.

Silberstein, Benjamin Katzeff, »Growth and Geography of Markets in North Korea, New Evidence from Satellite Imagery«, in: *US-Korea Institute at SAIS*, Oktober 2015.

Smith, Shane, »North Korea's Evolving Nuclear Strategy«, in: *US-Korea Institute at SAIS* August 2015 (www.uskoreainstitute.org).

Statistisches Bundesamt, »Handelsstruktur Deutschland – Dem. VR Korea«, https://www.destatis.de/DE/ZahlenFakten/GesamtwirtschaftUmwelt/Aussenhandel/Aussenhandel.html (abgerufen 2. Oktober 2017).

The Department of the Treasury, »North Korea Sanctions Program«, in: Office of Foreign Assets Control, 3 Juni 2015.

The National Committee on North Korea (www.ncnk.org), Datenbank mit Reden von Kim Jong-un sowie Dokumenten zu Nordkorea.

The Observatory of Economic Complexity, »North Korea«, https://atlas.media.mit.edu/en/profile/country/prk/(abgerufen am

4. Oktober 2017).

The White House, »Remarks by President Trump to the National Assembly of the Republic of Korea«, Office of the Press Secretary, 7. November 2017.

Tudor, Daniel, *Korea, The Impossible Country*, New York 2012.

Tudor, Daniel und Pearson, James, *North Korea Confidential, Private Markets, Fashion Trends, Prison Camps, Dissenters and Defectors*, Clarendon 2015.

United Nations, General Assembly, *Report of the Special Rapporteur on the situation of human rights in the DPRK*, A/72/394, 19. September 2017.

United Nations, Human Rights Council, *Report of the UN Commission of Inquiry on human rights in the DPRK*, A/HRC/25/CRP. 1, February 7, 2014.

United Nations, Security Council, »DPRK Sanctions«, https://www.un.org/sc/suborg/en/sanctions/1718/resolutions (abgerufen 10. September 2017).

United Nations, Security Council, »Report of the Panel of Expert established pursuant 1874 (2009)«, S72017/150, 27. Februar 2017.

United Nations Security Council, »Midterm Report of the Panel of Experts established pursuant to resolution 1874 (2009)«, S72017/742, 5. September 2017.

Wertz, Daniel, »Track II Diplomacy with Iran and North Korea Lessons Learned from Unofficial Talks with Nuclear Outliers«, in: *The National Committee on North Korea*, Juni 2017.

Wilson Center Digital Archive, International History Declassified, http://digitalarchive.wilsoncenter.org (abgerufen 4. Oktober

2017).
Wit, Joel S. und Sun Young Ahn, »North Korea's Nuclear Futures, Technology and Strategy«, in: *US-Korea Institute at SAIS* 2015 (www.uskoreainstitute.org).
Woo Jung-yeop und Go Myong-hyun, »In China's Shadow, Exposing North Korea's Overseas Networks«, *The ASAN Institute for Policy Studies*, August 2016.
Yun Sun, »The North Korea Contingency, Why China Will Not Cooperate«, in: *38North*, 25. Juli 2014.

博雅文庫 212

金正恩與他的核子武器：
一觸即發的世界危機

Der Wahnsinn und die Bombe: Wie Nordkorea und die Großmächte unsere Sicherheit verspielen

作　　者　托馬斯・萊夏（Thomas Reichart）
譯　　者　傅熙理
發 行 人　楊榮川
總 經 理　楊士清
副總編輯　劉靜芬
責任編輯　蔡琇雀、吳肇恩
封面設計　姚孝慈
出 版 者　五南圖書出版股份有限公司
地　　址　106台北市大安區和平東路二段339號4樓
電　　話　(02)2705-5066
傳　　眞　(02)2706-6100
劃撥帳號　01068953
戶　　名　五南圖書出版股份有限公司
網　　址　http://www.wunan.com.tw
電子郵件　wunan@wunan.com.tw
法律顧問　林勝安律師事務所 林勝安律師
出版日期　2018年12月初版一刷
定　　價　新臺幣320元

國家圖書館出版品預行編目資料

金正恩與他的核子武器：一觸即發的世界危機／托馬斯.萊夏(Thomas Reichart)著；傅熙理譯. -- 初版. -- 臺北市 : 五南, 2018.12
面；　公分. -- (博雅文庫；212)
譯自：Der Wahnsinn und die Bombe : wie Nordkorea und die Grossm chte unsere Sicherheit verspielen
ISBN 978-957-11-9990-0(平裝)
1.國際關係　2.國際安全
578　　107017019